JN060213

日本人は「日本人」を知らない

～東京五輪のビジョンづくりはなぜ失敗したのか～

國米家己三
KOKUMAI Kakizo

文芸社

まえがき

世界はいま、タテ系の価値観の垂直型社会から、ヨコ系のそれを軸とする水平型の社会へ移行しつつあります。力をもってする統率ではなく、みながそれぞれの持ち味を持ち寄り、お互いの特性を尊重し合って生きる時代の入口に立っているのです。

英国のチャールズ新国王は、「国民に仕えることを誓う」と戴冠式で述べられました。東欧では、お笑い芸人を出自とし、「国民の僕（しもべ）」を名乗る政党の党首でもあるウクライナの聡明なゼレンスキー大統領が、いつもカーキー色のTシャツを着て、中世のツァーリ（皇帝）並みの統治者が率いる国の侵略に耐えて戦っています。ここに価値観のコントラストをみることができ、わたしたちは水平化への転換の歴史的な節目に立ち会っていることに気づきます。一方、先進国の社会ではセクハラ、パワハラ、カスハラ（消費者による暴言）など、一連のハラスメントが厳しい指弾の対象となっており、水平化時代到来の確実な足音を聞くことができます。

そんななか、本書は民族性を取り上げました。民族の特性論です。エスノセントリズム（自民族中心主義）の厄介な壁を乗り越えて、これからはそれぞれの民族が特性を出し合い、棲み分けの世界を構築する方向に向かうことを信じてのことです。

本書は、民族の美点だけでなく欠点も、長所だけでなく短所も、目をそらさず真正面から見据えました。また、民族特性はどこから生まれてくるのか、根源はなにかを問いました。「唯食論」という独自の視座を築いて、根源問題をクリアすることができたと思っています。また、民族性を考える場合、えてして部分々々を断片的に切り取って論評することが多いものですが、本書は根源論を俎上に乗せることによって、その弊から脱し、主要な民族の特性の全体像を一つの体系として俯瞰することを可能にすることができたと考えています。

日本人は、海外からの日本人評に一喜一憂します。きれいな言葉で褒められると無性に喜ぶ。批判されたり貶されたりすると、たちまち暗く鬱然とした気分に落ちる。また、景気がいいと、バカに浮かれてしまいます。１９８０年代のバブル経済のときなど、有頂天になったあげく傲慢にすらなって、欧米から「日本人は、やがて世界から孤立する」とまで酷評されました。逆に、景気が沈滞すると「失われた10年、20年」「もう、この国に未来はない」などと身も世もない極端な悲観論者になります。社会全体の振幅が極から極へ、きわめて大きいのです。

それというのも、これらは、やはり自分たち自身の特性をしっかりグリップしていないために生じる現象と理解すべきでしょう。日本人は、自己特性の把握がなく、自分が空洞化して、右往左往、漂流状態になっているといってもいい過ぎではありません。自分たち日本人は何ものか、ここをしっかりつかんでおれば、動揺することなく、事態を冷静に客観視することができ、海外の評価に対しても的確に反論することができるはずです。

そもそも自己特性の把捉は、足場を組む、礎石を固める、基盤を構築することです。しかし、日本人は身の回りをこよなく重視する人々で、身辺至上主義者だといった学者もいるくらい。目の前の、公私いずれの生活にも全力を投入するのです。余暇の時間ですら、懸命に、いきり立って過ごす人もいます。そのため、身の回りの外側には関心がゆき届きません。身辺重視でゆとりを失い、自分たちの足場、礎石、基盤、インフラは遠くになっている。日々、身辺の完璧を期したいという生真面目な生き方の裏に、重大な落とし穴ができて、それが自分たちが自分たち自身をよく知らないという傾向を生んでいるのです。

「東京五輪のビジョンづくりは、なぜ失敗したのか」についても、目の前ばかりにとらわれて、視線を落として足元の東京、日本という足場、基盤をみるゆとりがなかった結果ということができます。

目次　日本人は「日本人」を知らない

第4部　草食が育てた日本の民族特性……127

第1部　東京五輪のビジョンづくりは なぜ失敗したか

「わたしたち日本人は、いったい何ものなのか」――。

これをしっかり理解することなしにロクな文化活動はできません。

残念ながらオリンピック・パラリンピック東京大会２０２０において、実質、ビジョンをもつことができなかったのは、この理解を欠いたからでした。

第１章　ビジョンがない！

歓喜のあとのロゲ発言

２０１３年９月７日（現地時間）、アルゼンチンはブエノスアイレスのホテル。大きな怒号のような、どよめきのようなものでホテルが揺れました。ホールで日本人１００人ばかりが、宙に舞うように跳びはねる。吠える。叫ぶ。だれかれとなく抱き合う。泣き出す。もう歓喜の修羅場です。

大きく両腕をひろげて飛び上がった、いまはなき安倍晋三首相（当時）の豊かな黒髪は、みごとに逆立ちしていました。「怒髪天を衝く」という言葉がありますが、安倍首相は「喜髪天を衝く」ありさま。

ＩＯＣ（国際オリンピック委員会）総会の会場で、ジャック・ロゲ会長（当時）が２０２０年五輪の開催都市を「トウキョウ」とコールした瞬間、日本招致団がみせたシーンがこれです。強敵、マドリード（スペイン）、イスタンブール（トルコ）を抑えての東京決定でした。

「いつも静かな日本人が、こんなに大騒ぎして喜ぶ光景を初めてみたよ」

世界中が、この狂騒ぶりに驚きました。IOC総会の東京決定シーンは、地球のすみずみまで中継されたので招致団の第1列に陣取っていた安倍首相、森元首相、猪瀬東京都知事（当時）から押しかけていた支援者まで、これほどわれを忘れて狂喜乱舞する姿をみせたのは前代未聞。〝歴史的〟といってもいい過ぎではありません。

日本国内でも、もちろん大騒ぎ。列島全体が喜びで震えました。日本時間では9月8日早暁、スポーツバーなどではテレビ前で多くの人が反応、やはり踊り出したり泣き出したり。

さて、日本の8日は日曜日。新聞の夕刊はなく、翌9日は休刊日。号外を配って、その穴を埋めましたが、結局、読者は9日の夕刊まで東京決定の活字による本格的な報道に接することができなかったのです。

9日の夕刊は、当然、各紙こぞって最大の活字を使って五輪決定を報じました。ブエノスアイレスのホテルの揺れが、そのまま移ったような紙面でした。そんななか1紙だけ、社会面の片隅に、ごく地味な扱いでロゲ会長の記者会見の模様を伝えていました。他紙はほとんどが無視、その後もこのときのロゲ発言はテレビでも新聞でも伝えられずじまい。そのため多くの人が、このロゲ発言を知らないまま過ごすことになったのですが、その内容はきわめて重要な課題を東京に、また日本に突きつけたものだったのです。

すでに、ロゲ会長は12年の任期を終えて一両日のうちにも辞任することになっていました。したがって、2020年五輪開催を担う東京への最後のはなむけとして、会長は深甚な意味を込めた言葉を残したと思います。

「おめでとう。東京は非常に説得力のある形で勝ちました。日本はオリンピック・ムーブメントを支えている国だということがよく分かりました」

「（東京の招致活動は）非常に質の高い計画だったと思います。過去の招致経験も生きたのではないでしょうか。確実で安全な開催能力というのは訴える力があったと考えます」

「日本の友人はすばらしい大会を開いてくれるでしょう。安全でアスリートを中心に考えた計画に期待しています。（２０２０年までの）７年間で大事なことは、まず組織委員会のコンセプトをしっかり決めること。戦略を立案してマスタープランをつくること。ＩＯＣは日本の友人とチームワークを組んで開催成功を実現すると確信しています」

大部分は、会長の外交辞令。最後に〝締め〟として口にした東京が担う課題こそ、会長が最もいいたかったことの核心にちがいありません。東京はＪＯＣ（日本オリンピック委員会）のなかに「東京オリンピック・パラリンピック組織委員会」を設置するが、まず、そこでなにより大事な東京開催の「コンセプト」をつくり、「戦略」「マスタープラン」を出しなさい、といっている。ちょっと大人が子供に諭すようなトーンで、わざわざ「コンセプト」「戦略」「立案」といった言葉を並べました。

ロゲ・コメントの最後の部分を深読みすると、東京側のこれまでの招致運動をみていても本格的な「コンセプト」はなかった、その点を指摘したことになります。なにより「コンセプト」といいながら、さらに「戦略」「立案」と並べたあたり、仕事の基本の基本を重視してくれという期待の表明だったろうと思われるのです。

ロゲ会長は、東京が２０１６年五輪の招致運動でビジョンづくりに散々苦労していたことを知っていました。また、それにつづく２０２０五輪の招致でも、五輪開催の大義、理念、ビジョンの創出に苦戦をかさねていたことも承知していたはずです。

ロゲ会長は２０１１年の夏、来日しています。このとき会見のなかで、『復興五輪』という理念はＩＯＣ委員の共感をよぶだろうか」との記者の質問に次のような主旨のコメントを残しています。

「『復興』は一つの要素にはなるが、決定的ではないと考えます。まず、招致計画の中身が大切。もうひとつは理念が重要。その都市、国家にとって、なぜ五輪が必要なのか。それについては、当然、日本国民が考えて決めることです」

さらに突っ込んで会長の気持ちを忖度してみると、東京は石原、猪瀬と2代つづけて文化人知事をいただき五輪招致にのぞんだ。たんなる政治家でもなければ行政マンでもない。なんらかの形で、北京にもない、ロンドンにもない、またリオデジャネイロにもみられない、21世紀を踏まえた創造的で革新的なイデア（理念）と構想をもって五輪１００年余の歴史に新しい息吹を吹き込んでくれるのではないか。そういう期待と願望があったように思われるのです。

五輪は大きな、そして深刻な曲がり角に立っている、といわれて久しい。ひと言でいえば、マンネリ化があります。過剰な商業主義があります。さらに肥大化の問題もあります。ドーピング問題も絶えない。そこでＩＯＣ本部やＩＯＣ委員たちは、東洋の神秘の国、クール・ジャパンの首都東京に賭けたい思いがあったと推測されるのです。

あるＩＯＣ幹部は「われわれはスポーツを通じた、よりよい世界の創造について明快なビジョンを立候補都市に求めてきた」と発言しています。ＩＯＣはつねに、「なんのために五輪を開くのか」に対する答えをほしがっているのです。ほかならぬオリンピズム（オリンピック精神）の発展のために、です。

東京招致とビジョン

ＪＯＣが日本にオリンピックを招致しようと発意したのは、２００５年1月に開かれた同委員会の新年会で、竹田恒和会長（当時）の発言があってのことでした。

「２０１６年のオリンピック、２０２０年のオリンピックの開催に向けて、全力で取り組んでいきたい」

この時点で、どんな五輪にするのかという素型についての提案ないしは検討があってもよかったでしょう。しかし、それらしきものがあったという話はまったく聞きません。もともとこの国には、早々に大枠論やビジョン論を口にするのはおこがましい、先走るな、大言壮語をぶち上げるな、といった文化があります。

その年の秋、石原慎太郎東京都知事（当時）が「２０１６年五輪を東京に招致したい」と手を挙げました。しばらくして出てきた基本計画が「コンパクト設計」と「アスリート・ファースト」。さらに時をおいて「安全、安心、確実」。

ただ、「コンパクト設計」も「アスリート・ファースト」も、また「安全、安心、確実」もビジョンとはいえない。それらは五輪の開催技術レベルの問題です。未来展望性がない。夢がない。世界のメガ・イベントである五輪の魅力をアピールするという点では、物足りません。石原知事のセンスというより、都庁の官僚からでたコンセプトだったのでしょう。石原知事は２００５年９月20日の東京都議会の本会議で、２０１６年五輪開催を招致するについて次のような所信を表明しました。

「日本を覆う閉塞感を打破するためにも、首都である東京に招致したい」

これを受けて都議会は翌年３月８日、東京招致の決議案を可決。同年４月１日「東京五輪招致本部」を都庁内に設置しました。その後、ＪＯＣが同じく立候補した福岡市を抑えて、東京を日本の五輪候補都市に決定。２００８年１月にはＩＯＣに「開催申請ファイル」を提出し、6月ＩＯＣによる立候補承認を受けています。その後、安倍内閣（当時）が東京五輪招致について閣議了解をおこないました。

２００８年6月15日付の東京都の広報紙は特集号を編み、こうぶち上げました。

「日本だからこそできるあたらしいオリンピック・パラリンピックを」

翌年に、2016五輪開催都市決定を控えてのことです。

以下、この特集号の内容を紹介しましょう。少々、長くなりますが、いかに東京都が開催技術を重視していたか、反面、いかにビジョンには無関心だったかが分かります。

その第1面。石原知事が「成熟した日本のすばらしさ、東京の魅力を世界に示し、日本だからできる最新の技術を駆使した新しいオリンピック・パラリンピックとして、地球環境や平和の大切さを世界に発信していきます」と決意を述べています。

次いで2面。「人を育て、緑を守り、都市を躍動させるオリンピック」の見出しのもと、「ジュニア期から一貫したアスリート養成」「ジュニアスポーツ・アジア交流大会の実施」「東京国際ユースサッカー大会の開催」「東京マラソンなど大規模なスポーツ大会を通じた都民参加の促進」などを挙げました。

つづいて同じ2面で「緑を守る」をアピール。「日本がもつ世界最高水準の環境技術と環境への先駆的な取り組みで、地球環境の大切さを世界に発信します」と主張。「海の緑の整備」「街路樹を1000万本に倍増」「都市公園300ヘクタール以上の新規開園」「校庭芝生化300ヘクタール」「温暖化をもたらすCO_2排出量を2020年までに25%削減」を公約しました。

さらに「躍動する東京」の項では、「世界の人々が交流し、人と街が活力にあふれます」として、「渋滞を解消する3環状道路の整備促進」「羽田空港の再拡張、国際化など空港、港湾機能の強化」「ユニバーサル・デザインのまちづくり」「美しい都市景観の創出」などを謳っています。

3面では、「世界一コンパクトなオリンピックをめざして」の見出しを打ちました。オリンピック・スタジアムを中心に8㎞圏内に射撃とサッカーを除くすべての会場を配置、会場周辺だけでなく東京全体が世界中から多くの人を迎え、温かい交流の場とする、と訴え、さらに全国各地でおこなわれる事前キャンプでは、世界中のアスリートを通じて子供たちに夢を与える、と述べています。

2009年6月、スイス・ローザンヌでのIOC総会でのプレゼンテーションで、東京は立候補した7都市中、最高得点で審査を通過しました。これを受けて、東京都もJOCも意気軒昂、「いけるぞ!」という気分が横溢します。が、その3カ月後の最終審査で、東京は落選の憂き目をみるのです。

2016五輪候補4都市が訴えたもの

2016年五輪開催に立候補して、第1次審査を通過した都市には、東京のほかにシカゴとリオデジャネイロ、マドリードの3都市がありました。その4都市が2009年の最終審査に掲げたビジョンを比較してみることにしましょう。

まず、シカゴ。コンセプトは「世界との友情を祝福」「オバマ大統領の地元に世界のまなざし」「同大統領が支援」。シカゴはバラク・オバマ氏の地元であり、アメリカ史上初の黒人大統領が誕生したばかりで、徹底的に同大統領を〝売り〟にした戦略です。ただ、これには五輪との関係が薄いという弱点があります。

次にマドリード。コンセプトに「北京の中国文化、ロンドンのアングロサクソンに続くラテン文化のローテーション」を挙げました。２００８年アジアの北京開催のあと、ヨーロッパはアングロサクソンのロンドンとつづいた。だから、こんどはラテン系のスペイン・マドリードではないか。開催順にこだわった主張でした。

最終的に開催権を獲得したリオデジャネイロはどんなぐあいだったか。ビジョンは「南米初の五輪開催」「世界で最も若者が多い国の一つ、ブラジルが世界の若者を巻き込む」。マドリードのいう開催順を考慮するなら、南米ではまだ五輪は未開催。「ヨーロッパは30回、北米は12回、アジアも5回の五輪大会を開催しているではないか」というのです。強い訴求力がありました。

東京は、ここでどんなビジョンを提示したのか。「平和に貢献、世界を結ぶ五輪。１９６４年五輪会場の遺産も活用」。東京の、また日本の特性はいっぱいあるのに、そこを訴えていません。没個性という点では４都市のなかでもダントツといっていいでしょう。

ロンドンの「成熟」

五輪ビジョンの創出は、たしかに難しい。開催希望都市それぞれの特性を訴えることは簡単のようですが、決して簡単ではありません。過去にさかのぼって、開催都市の五輪ビジョンをみることにします。

20世紀最後の五輪となったシドニーは、「グリーン・オリンピック」を標榜しました。そのころは世界的な課題として環境問題が浮上していた時代でしたから、オーストラリアの恵まれた自然を織り込んだビジョンになっています。

次の2004年のアテネ五輪。古代オリンピック発祥の地であり、1896年第1回の開催（参加国13）からじつに108年ぶりの五輪開催です。「原点へ」のビジョンを掲示しました。アテネにとっては、もうこれ以外考えられない。ただ「原点」ではなく、「原点へ」としたところが心憎い。世界に向かって「原点を再認識してくれ！」と叫んでいるのです。動意がある。アクティブな攻めがあり、訴求力十分です。

さらに2008年の北京五輪。「世界の夢一つの夢」を打ち出しました。中国は、万事、共産党が承認するものだけが許される国です。五輪も共産党の指導下で計画され、実行されたはず。ビジョンも共産党の意志が込められていると考えねばなりません。とすると、「世界の夢一つの夢」は地球上の国々すべてを共産化するのがゴールだと、堂々と公言したようなことになります。

2012年は英国ロンドンが主催都市でした。ビジョンは「成熟」。副として「子どもにスポーツを」を掲げました。さすがイギリスだなと思います。アテネ同様、これしかないというビジョンです。

現在、イギリスは老大国といわれています。大国の賞味期限が切れそうになっているという見方を含めた評価です。18世紀は、まさに世界のトップに君臨した帝国でした。産業革命を推進し、果敢に海外へ出てその翼を広げ、世界中にあまたの植民地を展開しました。インド、マレー、オーストラリア、カナダといった広大な版図をかかえるとともに、海洋に浮かぶごく小さな島嶼までにも食指を伸ばし、世界の陸地の3分の1はイギリスの支配下といわれたものです。そうした過去のすさまじいばかりの領土欲からみれば、現在のイギリスは尾羽打ち枯らした斜陽の国ということになります。

でも、どっこい、現在、イギリスの金融力、情報力はアメリカのそれに比しても決して見劣りするものではありません。つかむべき軸は、まさに抜かりなくつかんで離さない。いい意味でのしたたかさ、しぶとさ、老獪さはみごとというべきでしょう。

そうした歴史と現状を背景に、「成熟」の旗を立てたのがロンドン五輪です。会場設計、マラソンのコース設定など史的資産を遺憾なく活用し、五輪全体の運営にも「成熟」路線を発揮しました。イギリスの国民特性、その歴史、さらに近代オリンピック以前からスポーツ大国であったことの矜持をもって、IOC全体、つまりはオリンピック総体が現在直面している諸課題などを視野に入れながら、このビジョンは創出されたろうと思われます。英国内も十分納得し、また世界も文句なく受け入れたビジョンでした。

2020年招致でも大苦戦

その後、捲土重来を期して2020年五輪招致を決意した東京ですが、再び決定的なビジョンのないまま招致活動に入ります。

「東京開催の大義がない」「哲学がない」と国内のメディアは盛んに批判します。数回の落選をかさねながら、さらに五輪開催に出馬したライバルのイスタンブール（トルコ）は「イスラム圏初のオリンピック」「洋の東西の懸け橋」を掲示していました。「南米初の五輪」を謳ったリオデジャネイロに前回敗れたことがトラウマになっているので、こんどもイスタンブールの「イスラム圏初」には強い危機感を抱いていました。もたもたしていると「五輪を経済再生のテコにする」というスローガンを出したマドリード（スペイン）にもしてやられるぞ、とメディアは叱咤します。

東京招致委員会には、開催の基本理念として「平和構築精神の共有と世界平和への貢献」がありましたが、どうしても「なぜ、東京なのか?」という、素朴だが最もベーシックな、スジの通った問いに答えるビジョン創出ができない。結局、東京は「安全、安心、確実」でしか戦うことができない状態でした。

2013年、IOCの開催都市決定の日が近づくと、ビジョンづくりについて東京の焦りは極点に達します。なんとか創出しなければならない。メディアの批判もヒートアップします。

ＪＯＣの竹田恒和会長が「アジア代表」でいこうといったり、また別の招致委員会幹部が「未来をつかもう」や「日本復活五輪」を並べたり、また一度は引っ込めたはずの「震災からの復興」が再び出てきたり、まさにビジョンづくりは迷走に迷走をかさねる始末でした。

こうした大苦戦がまだつづいていましたが、ついに開催都市を決める運命のＩＯＣ総会の日が２０１３年９月にやってきます。東京招致委員会は得心できるビジョンがなく焦燥に包まれているとき、ＩＯＣ委員を長く務めた猪谷千春氏が最後に次のように発言し、これが鶴の一声の決め手になったとされています。

「ＩＯＣの真の目的は五輪運動を世界中に広めることで、東京の開催能力が高いことは（ＩＯＣ委員の）だれしも認めており、プラス・アルファのメッセージをほしがっていることはたしかです。それで、東京の掲げる『安全、安心、確実』も突き詰めれば一つの理念になり得ると思います」

結局、次善のビジョンとして「安全、安心、確実」を了承したのでした。

その後、２０２０年コロナ・ウイルス感染が拡大し、文字通りパンデミックが現実になって五輪開催が１年延期となりました。こうしたなかで２０２１年、世界の選手を招いての五輪開催強行となったわけですから、結果としては「安全、安心、確実」のスローガンがぴったりマッチすることになりました。奇跡というか、神風が吹いたというか、東京のスローガンがまことに時宜にかなったドンピシャリのものとなったのは皮肉です。しかしながら、ビジョン創出にこれほど辛酸をなめ、結局は納得のいくところに達することができなかったという事実は消えません。後味のわるい神風でした。

開催決定後のビジョン創出

２０１３年9月7日の最終審査における日本側の熱意とプレゼンテーションのすばらしさによって、２０２０年大会の東京開催が決定しました。そのあと新たに発足した「２０２０東京オリンピック・パラリンピック競技大会組織委員会」は、２０１４年10月10日「大会ビジョン骨子」なる中間発表をおこないます。これは「ＴＯＫＹＯ　２０２０がめざすもの」と題したもので、ロゲ会長が求めたコンセプトとして「スポーツには、世界と未来を変える力がある」を採用し、「すべての人がベストを尽くす」「一人一人が互いに認め合う」「未来につなげる」の3項を取り組みの柱とすることにしました。

これを土台に、同組織委は翌２０１５年2月27日、ＩＯＣへ「東京大会開催基本計画報告書」を提出。その前年、ＩＯＣが改革指針となる「オリンピック・アジェンダ・２０２０」を承認していたので、ＪＯＣはこれを計画書に織り込みました。運営コストの削減や既存設備の活用、女子選手参加率のアップなどがそれです。懸案のビジョンについて、同報告書は中間発表のものをわずかに修正して「スポーツは世界と未来を変える力がある」としました。

問題は、その後も残ります。ＪＯＣも組織委員会も、できのわるい子供がやっと学校の宿題をやり終えたといった感じで、ＩＯＣに報告書を出してからは、もうまったくといっていいほど、ビジョンに無関心。開催決定前、あれだけ騒いだメディアも、さらに国民も、ビジョンについて云々する者は皆無といった状態になってしまいました。五輪のエンブレムは、機会あるたびに広報され、小池百合子都知事の記者会見などには、バックに必ずこのエンブレムを描いたボードを置き、企業も盛んに頻用したものです。しかし、「スポーツは世界と未来を変える力がある」というビジョンを開催前、そして開催中、聞いたことのある人はほとんどいません。唯一の例外が、東京大会の閉会式で橋本聖子組織委員会会長が締めくくりの挨拶のなかに誰も気づかないほど、ごく地味に触れただけでした。

第2章　ビジョンとは何か

ビジョンは「旗」

ひと言でいえば、ビジョンは旗です。旗、言葉による旗。

すべての国家には国旗があります。また企業にも、学校にも、それぞれ独自の社旗や校旗があります。その他、ちょっとした組織になると、自然に旗をもつようになるものです。

組織は結束しなければなりません。その結束のためのツールとして、旗が必要なのです。同時に、組織は未来への展望をもってすすまねばなりません。その推進・牽引のシンボルとして旗が欠かせない。しかも、その旗は、足元の組織のためだけのものではありません。組織の外に向かって、「われわれは、こういう理想をもってすすんでいます」という意思を示すものでもある。外部からみると、「ああ、あの国は、あの組織は、そういう結束意思と未来意思をもっているんだな」ということが分かるわけです。外に対して国家なり、企業、学校なりが、自分たちの立ち位置と立ち向かう未来への意思を高々と世界にアピールするのが旗であり、またビジョンなのです。

別のいいかたをすると、ビジョンとは「夢のある戦略」ではないでしょうか。ただの「戦略」ではなく、もっと高い次元の理想をめざす「究極のゴール」。したがってビジョンは、冗長な言葉を並べるものであってはならない。旗が、瞬時にして人々の感性に訴えるものをもっているように、あくまでビジョンの言葉は簡潔、一語一閃、快刀乱麻を断つような訴求力をもっているものでなければならない。

ビジョンはインフラ

日本人には一般に誤解があって、「ビジョンなどなくていい。1日1日を全力で生きればいい。ビジョンなどという、遠い将来のことにかかずらっている暇があるなら、目の前の仕事を少しでも前にすすめるべき。第1、ビジョンがなくても、みんな生きているではないか。いい仕事をしているではないか。大言壮語や大風呂敷は身を滅ぼす」といった考えがつよいのです。

大相撲の関取たちは異口同音に「1日1番、全力で頑張ります」といい、プロ野球の選手たちもみな「1球1球に勝負を賭けています」とコメントします。以前、某紙の投書欄のトップに特別大きな見出しで、「長期計画などいらない。そんなものをつくるより毎日毎日に全身全霊で取り組むべきだ」といった一文が掲載されたことがありました。

先々のことは不確定要素があまりにも多い。だから、ビジョンもコンセプトも長期計画も役には立たない。適時適応、その場その場を柔軟に対応する能力こそ、最も求められるもの。このように、ビジョン不要論、ないし否定論がまかり通っているのがこの国です。

たしかにビジョンなしでも日々を送ることはできます。が、その日々は、質的にすぐれたものとはいえないのです。ゆくべき確たる方向をあいまいにして、漂流状態で生きているに過ぎない。いざ、ことが起きたとき、確固、毅然たる対処ができないことにもつながります。時折、海外から「日本はデラシネ（浮草）国家」などと揶揄されたりしますが、国として、いま一つ高度の信頼性に乏しいとされるのは、明確な国家ビジョンをもたないことも一つの理由になっています。

ビジョンのない人、組織、国は、生きているといっても、それらは真に生きているとはいえない。ビジョンは生きるための基本であり、インフラなのです。高質な生きよう、ありようにとって、ビジョンは欠かせない要諦なのです。日本は、よく「言霊(ことだま)の国」といわれます。簡潔で、かつ明快な言葉をビジョンとして、みなに訴えるとき、日本人特有の感性が反応して、そこに新しい〝空気〟が生まれます。ビジョンが、言葉が、霊力を発揮して、それまでなかったものを創り出す。しかも、日本人の特性の一つである同調・同化によって、その清新な〝空気〟がさらに拡大する。好循環がはじまるのです。

ビジョンで生き返る

東京大学のM教授（工学系）は、ビジョンについて次のように話しています。

「私は、すべての仕事はプロジェクトだと考えています。プロジェクトにはビジョン、コンセプト、モデリング、ソリューション、意思決定、実行という創造のプロセスがあります。どんな仕事でもビジョンがなければはじまりません。その実現にはすぐれたコンセプトが求められ、それを具現化するモデリングが成否を分けます。こうした段階を踏まずにいきなりソリューションから考えてもうまくいきません」

M教授が「ビジョンを欠いては、どんな仕事もはじまらない」と力説している点に、とくに注目しましょう。ビジョンというと、あってもなくても、もってももたなくてもいいようなものでは決してない。実質は、仕事をすすめていく上で最も基本的な必須要件なのです。あらゆる仕事において踏まねばならない最初の重要なステップなのです。世間では、仕事をすすめるとき、せっかちに成果をいそいで「ソリューションから考えてもうまくいかない」ケースがいかに多いか、M教授は警告しているのです。

オリエンタルランド（株）が運営するディズニーランド、ディズニーシーは、世界的なテーマパークとして知られています。コロナ禍による集客減で最近こそ低調を余儀なくされていますが、年間２０００万人から３０００万人を越えるゲスト（入場客）を迎えて、世界に展開する多くのテーマパークのなかでも突出して成功した企業の一つになっています。

同社は２００１年9月、第2パークのディズニーシーを開園しましたが、その準備に十数年を費やしました。同社は、とくにビジョンがパークの命運を決めることをしっかり心得ていて、そのためビジョンとコンセプトづくりに長い年月をかけました。この間、５人の社員を選抜して専任チームを組み、ビジョンとコンセプトの創出作業に張り付かせました。このチームは米国のカリフォルニア州バーバンクのディズニー本社に赴いて激論を交わしたのはもちろん、その他多く国々を回ってヒントさがしに明け暮れました。ビジョン、コンセプトを創出するには、それほどの労力と時間を投入しなければならないということです。

専任チームだけでなく、全社的なビジョンワーク、コンセプトワークの努力の集積があって、それは「モア　ロマンティック」「冒険とイマジネイション」に収斂され結晶しました。また宇宙からみた地球として直径8メートルのシンボル「ディズニーシー・アクアスフィア」を形象化することができました。このシンボルには地球がもつのと同じ「命と輝きと感動を」パークにもたらすという企業トップの願いが込められています。

もう一つ、ビジョン企業を紹介しましょう。

福井県下で、創業以来130年余りの歴史をもつ繊維系の老舗企業S社です。長い間、染色加工の受託経営一本を専業としてきた会社ですが、1980年代半ばに、ニット生地の製造から編み立て、染色までの一貫体制を確立したあと、販売先を衣料オンリーから自動車メーカーにひろげてカーシートの納入にも踏み切りました。これを契機に同社は一気に革新的な社風に生まれ変わります。経営のトップも刷新されました。

新しいトップは、将来の夢を社員と共有したいとビジョンを作成します。

「のびのび、いきいき、ぴちぴち」

同社は、これを「経営理念」と呼び、以来40年経ったいまも変えることなく、会社の背骨に据えています。「のびのび」は、社員一人ひとりが自主性をもって仕事に向かう。「いきいき」は、それぞれが責任感を失わない。「ぴちぴち」は各自、使命感とともに明るく躍動する。

「まるで子供を諭すような言葉だと思われる方もいるでしょう。しかし、社員一人ひとりが経営理念を理解するためには、言葉は簡単であるべきです。経営理念をカタカナや英語で表現し、難しく語る経営者もいます。これではすべての社員が同じ方向に進んでいくのは難しいと思います。同じ夢を社員全員で共有することが何より重要です。同じ夢に向かって努力することこそが会社を変革する原動力になるのです」(K会長兼CEO)

Ｋ会長は社長時代、このビジョン制定後、社内のあらゆる現場に足を運び、１年間にわたってビジョンについて語り合ったといいます。

かくて同社は、生産の海外展開に乗り出す一方、コンピュータで色と柄を印刷した生地をつくる衣料制作システムを世界で初めて開発、繊維業界に革命をもたらしました。このシステムは繊維以外の金属から樹脂、陶器にまで染色を可能にし、車の内装材から住宅資材にまで需要をひろげています。

個人にもビジョンは必要

じつは、旗やビジョンは組織だけに必要なものではありません。個人にとっても欠かせないものです。２０１２年ノーベル賞（生理学・医学賞）を受賞した山中伸弥京大教授は、自身が「大事にしているビジョンは『ＶＷ』といい、次のような話を披露してくれました。

米国のグラッドストーン研究所に留学中、担当のメリー教授から、

「シンヤ、お前のビジョンは何だ？」

と聞かれたとき、山中氏は咄嗟の質問にうまく答えることができず、

「いい論文を書きたい。しっかり研究費をもらいたいと思っています」

などと答えたといいます。すると教授は、

「そんなものはビジョンではない。ビジョンを達成するための手段に過ぎない。お前は、何を

しにアメリカまできたのか。奥さんや娘さんを連れて、なぜきたのか」

といわれてしまった。山中氏は、

「そこまでいわれて、ようやく初心に返りました。かつてＡＬＳ（筋萎縮性側索硬化症）や脊髄炎などで苦しむ患者さんたちを助けたいという思いがあった。それが自分のビジョンだということを思い出したのです。」

このときを契機に、山中氏は自らのビジョンを「Ｖｉｓｉｏｎ ＆ Ｗｏｒｋ」（略して「ＶＷ」）として心に刻み、これをかたときも離さないようにしてきた。再生医療のための「ｉＰＳ」細胞開発の原点は、この「ＶＷ」だということができると語ったのです。

第３章　五輪ビジョンはどうつくるか

東京五輪のビジョン創出のための4条件

大苦戦した東京五輪のビジョンづくりですが、どう創出すべきだったのでしょうか。

具体的にクリアすべき課題は、次の4項になると考えます。

（１）日本と東京の特性を、しっかりつかむ。
（２）オリンピズム（オリンピック精神）の本質を抑える。
（３）オリンピックが置かれている２０２０年の状況に思いをいたす。
（４）高い視点から、２０２０年は文明史のなかでどのような位置にあるのかを考えておく。

以上の4項は、いずれも重要なテーマですが、そのなかでもとくに（１）が基本・基底であって、最も肝心かなめの項目。このプロセスを抜いては、到底まともなビジョンはできません。世界のなかの日本なり東京なりの地域特性について、十分な理解と把握があれば、「なぜ東京で五輪を開催するのか」という、いわゆる「大義論」は比較的簡単にクリアできるはずです。また、それによって都民の、また広く国民の、より積極的な五輪支持を獲得することも可能だったでしょう。

ただし、日本の特性をつかむといっても、これは容易なことではありません。一筋縄ではいかない。民族特性論は、なかなか深遠なテーマであって、本書は第2部、第3部においてそれを深掘りし詳述することにします。

オリンピズムの本質

次に（２）の「オリンピズム」について考えましょう。

それにはまず、近代オリンピックの歴史を振り返る必要があります。

創始者ピェール・ド・クーベルタン男爵は教育事業家で、スポーツのもつ教育性を重視した人でした。１８９６年の第1回近代オリンピックの開催に先立ち、男爵は当時すでにスポーツ大国だったイギリスをなんども訪問して、スポーツの普及状況をみると同時に英国の教育現場も視察しています。著書には『イギリスの教育』があります。

しかも男爵は私財をなげうち、ボランティアとして近代オリンピックをスタートさせました。決して利得を目的にはじめた事業ではない。青年たちに「心身ともに強くあれ、健やかであれ、公正であれ」と願った「人間賛歌」が男爵の壮大なオリンピック事業を貫く思想でした。したがってオリンピックは、まぎれもなく教育事業であり、文化事業です。

「オリンピック憲章」のなかに「オリンピズムの根本原則」の定めがあって、その第1項には次の言葉がみえます。

「オリンピズムは人生の哲学であり、肉体と意志と知性を高めて融合させた、均衡のとれた総体としての人間をめざすものである。スポーツを文化や教育と融合させるオリンピズムが求めるものは、努力のうちに見出される喜び、よい手本となる教育的価値、普遍的・基本的・倫理的諸原則の尊重などに基づいた生き方の創造である」

これらのことを考えると、オリンピックは本来、純正の文化事業であるということがよく分かります。

じつは1912年の第5回ストックホルム大会から1948年第14回ロンドン大会まで、通常のスポーツ種目とは別に、芸術競技の種目がありました。絵画、彫刻、音楽、建築、文学などのほか、劇作、叙事詩まで、じつに20種目、幅広いアート領域での競い合いが五輪の舞台でおこなわれました。ストックホルム大会では、クーベルタン男爵自身、別名で文学部門に「スポーツに寄せる詩」をエントリーし、金メダルを獲得しています。第11回ベルリン大会では、絵画部門で藤田隆治が「氷上ホッケー（アイスホッケー）」を、またデッサン・素描部門で鈴木朱雀が「古典的競馬」をそれぞれ出品。いずれも銅メダルに輝きました。

ギリシャの古代オリンピックにさかのぼると、戦車競技で戦車の美しさを競ったという話があります。競い合って優勝の栄誉は、戦車の操者ではなく、その所有者に与えられたとのことです。力任せの勝利至上主義ではなかった。だからクーベルタン男爵もいいました。

「人生において重要なことは成功することではなく、努力することである。本質的なことは勝ったかどうかではなく、よく戦ったかである」

努力して、ベストを尽くして戦う。それが美しいのです。それがオリンピックの原点でもあるのです。

ただ1936年、クーベルタンがIOC会長を引退し、翌年逝去するにおよんで、オリンピックから次第に教育事業色、文化事業色が褪せ、芸術種目は競技から「展示」に後退しました。

IOCが抱える課題

IOCは現在、解決すべき多くの深刻な課題に直面しています。

まず、大会の商業化の問題があります。大赤字を記録した1976年のモントリオール大会の反動から、そのあと大胆な商業主義が導入され、放送権料の高騰や聖火リレー実施権の販売などがおこなわれるようになりました。高騰した放送権料がIOCの台所を潤しますが、その一方でテレビ局に都合のいい時間帯に大会の人気種目の競技時間を合わせるのが慣行になり、時差を無視して、ひどいときには夜10時に競技がはじまるといったケースも生じました。「アスリート・ファースト」どころか「メディア・ファースト」に落ち込んでしまったのです。世界中がシラケるのも当然でしょう。

また競技種目はどんどん多様化し、それにともなって開催経費も回を追うごとに巨額になっていきます。ソチ冬季大会（ロシア）に至っては、関連するインフラ整備費を含めてですが、500億ドル（6兆円超）にのぼったほどです。

また会場設定では、環境問題をめぐって住民の反対が多くなり、とりわけ冬季五輪にその傾向がみられます。大会の開催希望都市は次第に減少し、招致に名乗りをあげながら途中で降板するケースも目立ってきました。将来は、立候補都市ゼロになるのではないかと危惧される段階を迎えています。

加えて、ドーピング問題がオリンピックのイメージを毀損しています。２０１４年ソチ冬季大会でのロシア選手の組織的ドーピングは衝撃的で、ＲＯＣ（ロシアオリンピック委員会）はＩＯＣから以後の選手出場を拒否されました（個人資格でのエントリーは認められましたが……）。ロシアの場合、国家ぐるみの薬物汚染が表面化したわけで、ステート・アマといわれたソ連時代にさかのぼる違反体質をいまなおひきずっている実態が暴露されたといえます。しかし、こうした薬物依存は他国の選手の間にも少なからず潜行、蔓延の傾向がみられます。これを阻止するのもＩＯＣの課題になっています。

２０１４年、ＩＯＣは「オリンピック・アジェンダ・２０２０」を承認しました。コスト削減や既存設備の最大限活用など、40項目の改革目標を示したものです。これまで大会開催は１国１都市に限られていましたが、複数の国にまたがる「共催」を認め、女子選手の参加率50％達成を指向し、さらにオリンピックの専門テレビ局を新設。人気種目ばかりでなく、どの種目の選手の活躍も公平に報道することをめざすとしました。さらに透明性が問われているＩＯＣの財務状況を、国際会計基準に沿ったものに改める――などを挙げています。

文明史のなかの2020年

さて、五輪ビジョン創出のための４番目の条件ですが、東京大会が予定された２０２０年はいったい文明史のなかでどのような位置を占めるのか、というきわめて壮大なテーマです。これを頭のどこかに置いて、つまり視野のなかに入れて、ビジョンを追求することが求められるということです。

石器をつくり、火の利用を知って、人類の文明はスタートしました。以後、文明は「人類の欲求の総和」をエネルギーとして発展してきました。権力者や支配層だけの欲求ではなく、かつては奴隷といわれた下積みの人々、偉い人が通れば路傍で土下座して見送った下層民を含めた世界の民衆全体の欲求、願望、祈りのトータルが原動力となって積み上がってきた歴史が、現代の文明として結晶しています。また今後も、文明はエリートと庶民が一体となった全人類が望むところを着地点として、そこに向かって孜々とした営みをかさねることになるのです。

もっとも歴史を振り返れば、権力者同士の紛擾や衝突によって、この流れはなんども蛇行を余儀なくされました。いま現在も権威主義が、この流れに棹さしています。これからも第3次世界大戦のようなものが起これば、当然、欲求の総和が求める流れは大きく阻害され、あらぬ方向にいくことになるでしょう。

しかし、火の発見以来80万年、蛇行や停滞はあっても文明は確実に「人類の欲求の総和」がめざす方向に流れています。そうした流れのなかで、２０２０年の特長といえば、国それぞれ、個々の一人ひとりの特性が注目され、社会の「多様化」がすすむとともに、これまでの世界中の縦割り、垂直社会が徐々に崩れて「水平化」に向かっています。また、少なくとも先進国といわれる国々では、従来の物質中心主義や効率至上主義から「感性重視」の社会に移行しつつあります。

２０２０年とは、それら「多様化」「水平化」「感性化」がすすむ、その途上にあるのであって、オリンピックでは競技種目の多様化志向は消えそうにありません。加えて既存種目の評価において美的要素の比重がより大きくなっています。また各国選手の力量の格差が、全体としては縮小する傾向をみせています。

ビジョンづくりは、こうした文明の必然的な流れのなかの２０２０年の位置を考慮し、それに逆らうことは控えるのが賢明ということになります。

東京五輪のビジョン私案

おこがましいとは思いますが、ここで東京五輪のビジョンについて本書の私案を簡単に記すことにします。招致委員会や組織委員会などを批判するだけしておいて、試案ひとつ出さないのでは、モラルに反しますから。

本書は、日本の民族特性について第4部で詳述しますが、そこで16の項目を挙げて世界でもまれな日本人の特質、持ち味を明らかにします。その16項のなかでも、わが民族性の基幹をなすのが「自然観」「清潔感」に並ぶ「美意識」であると記します。

日本人の日常の生活から精神生活まで、生き方全体の底に流れているもの、それは鋭い美的感性です。力や富に価値をおくのではなく、純美、清冽、無垢などを至上のものとする民族が日本人なのです。名誉のためなら死をもいとわぬ武士道。戦場で戦士が駆使する武器まで卓越した美術品にしてしまった日本刀。背中の美（帯）まで追求した民族衣装（着物）。味よりも見た目が大事な、まさに芸術としかいいようのない料理。なにごとであれ、アーティスティックなものにしなければ済まない心情をもつのが日本人です。

ならば、東京オリンピック・パラリンピックのビジョンを「美しい五輪」としてはどうでしょう。「美しい」とは別に「洗練」、あるいは「クール」も候補として挙げることができるでしょう。スポーツの祭典に「美しい」はそぐわない、といった批判がでることは十分予想されます。しかし前述した通り、五輪は本来、教育事業であり文化事業であり、芸術競技が併存された実績もあります。その後も、ＩＯＣは五輪大会に芸術、文化の展示やイベントの併催を義務づけています。しかも近年、通常のスポーツ種目のなかに美しい演技を競う種目が増えている点も見逃してはなりません。また競技以外の課題として、ドーピング頻発の問題などもあります。これとて五輪の裏の「醜」の部分であり、崇高なオリンピズムを毀損するものです。それを阻むためにも「美しい」旗を掲げることに意味があると考えます。「美しい五輪」の旗を高々と掲げて、国内だけでなく、広く世界にアピールする。本来、日本人は心の奥の奥まで美意識を宿した民族であり、それは縄文時代以来1万数千年におよぶ先人たちが磨いてきた感性でもあります。そのことを歴史的な大事業、世界最大のイベントであるオリンピックの大会を機に海外に広報する。日本人のエッセンスを世界に訴える。むろん足元の国民にも、われわれ日本人自身の本質を再確認してもらう。

　同時に五輪は商業主義を克服する・反モラルの醜悪さを追放するなどして、新しい道を歩かねばならないといった新しい五輪像を世界に提供する。

　世界の人々は現在、日本、あるいは日本人について清潔、純美、緻性のイメージをもつようになっています。広く海外で「クール・ジャパン」の日本像が定着の方向に向かっています。折角、世界が「クール・ジャパン」という評価を寄せてくれているのに、それを無視する手はありません。「美しい東京五輪」の旗は、海外でも違和感なく迎え入れられるはずです。五輪は、主催国が自分たちの国の特性を世界のすみずみまでアピールする絶好の機会ですから、半世紀ぶりにわが国に訪れたチャンスを逸することなく、われわれの真髄を強力にアピールすることができるのです。ロンドン五輪が「成熟」の旗を上げた賢明さに負けない、日本の、東京の旗「美しい五輪」。それを高々と世界の人々に示せばよかったと本書は考えるのです。

　また、オリンピック・スローガンは「より速く、より高く、より強く」となっています。ここに「より美しく」を追加することをＩＯＣ総会に提案してはどうでしょうか。

　もちろん、簡単には承認されるとは思いません。しかし、日本側から提案があったという事実は議事録に記載され、のちのちまで残ります。やがて、さほど遠くない将来、「やはり『美しい』はスローガンにマッチする」とコンセンサスを得る日がくるはずで、文化事業でもあるオリンピック、パラリンピックにとって「より速く、より高く、より強く、またより美しく」

は、よりふさわしいものになることでしょう。

第４章　なぜ迷走し失敗したか

"緻性" 豊かゆえに

とっくに東京オリンピック・パラリンピックは閉会、終了しました。もうたくさん、済んだことは考えても仕方がない。そう思う人は少なくないでしょう。

しかしながら歴史的な大事業、人類最大のメガ・イベントであるオリンピック・パラリンピック大会において、ビジョンづくりで散々苦労し、迷走に迷走をかさねたことは大変貴重な経験でした。済んだからといって、そのまま切り捨ててしまうのは、あまりにももったいない。戦争に敗れて、そこから何も得るものはないという人はいないでしょう。学ぶべき多くの貴い教訓がひそんでいます。絞り出さねばならない膿もかくれています。それと同様、五輪のビジョンづくりを顧みて何ひとつ得るものはないといい切ることはできません。

とにかくビジョンとか、グランド・ストラテジー（大戦略）とか、あるいは文明論といったようなきわめてマクロ的なテーマになると、日本人はなべて苦手、苦戦の連続を演ずるのです。

微細な枝葉の小さな部分にひどくこだわる習性があって、精緻なものづくりでは世界的な定評をもっています。日常生活でも細部にこだわり、ことの端々にも神経を行き届かせる傾向がきわめて強い。本書はこのキャラクターを「日本人の〝緻性〟」と呼んでいますが、緻性豊かゆえに、その裏返しとして、全体像の俯瞰、巨視的な思考といった点にぬかりが生じやすい。欧米人一般がまず総論から入って次に各論にすすむのに対して、日本人は初期段階で各論に手をつける。小さなところから入るという傾向があります。

アメリカのミシガン大学で日本の留学生10人と地元の米国の学生10人を集めて、それぞれ個別にある風景画を数分間みてもらい、そのあと別室で記憶を頼りにその絵画を復元するよう課題をだしました。するとアメリカの学生は絵の大枠、総体に関心を集中させている点で共通し、一方の日本人留学生の多くは水の流れや木々の姿、岩石の形態や色にこだわりをみせたのです。

100年構想には手がでない

さらにもう一つ、日本人が不得手とする巨視的な命題に挑んだ例を紹介しましょう。

21世紀の始まりを翌年に控えた2000年1月、小渕恵三首相（当時）に「日本のフロンティアは日本の中にある」と題する報告書が提出されました。

提出者は、首相の諮問にこたえた「21世紀日本の構想」懇談会のメンバー49人。この49人は知名度の高い経済人や大学教授、作家、評論家、ジャーナリスト、さらに宇宙飛行士や俳優たち。全体会と5つの分科会に分かれ、期間は約10カ月、シンガポールや韓国への海外視察も含め、夏には合同合宿もして44回の会合をかさねました。第3のミレニアム（千年紀）の入口に当たる21世紀、グローバリズムの進展とともに世界が一層多極化、複雑化するなかで、日本はどのような未来像をもって生きるべきか、国内の〝代表的な頭脳〟が討議をかさねたのです。

報告書は全文約15万字。しかし、序文で懇談会の座長が１００年ではなく「15年から20年後に到達することが望まれる日本人の姿、および、その道筋」をまとめたと書いているのには驚きました。ハナから１００年など長いスパンの構想はとても無理だといっている。

で、その内容ですが、冒頭、「日本のフロンティア」は日本人がもっている「巨大な潜在力」にあるとして、「日本のなかにひそむ勝れた資質、才能、可能性に光を当て、それを十分に活かし、開花させること」が重要だと力説しています。これが報告書を貫く柱になって、以下、「第二公用語に英語を採用」「和英両語の公文書義務化」「上限を設けず多数の法曹人養成」「学校週休3日制導入の検討」といった提案が並んでいます。また、メディア受けをねらったのか、近隣諸国との親密な外交関係を維持するための「隣交」、国際的な対話能力「グローバル・リテラシー」、それらの向上を図るための「言力」、さらに市民パワーの時代到来のなかでの「協治」など、聞き馴れない新造語が目立っていました。

ただ、この報告書は、日本のフロンティアは「巨大な潜在力」にあるとしながら、どうして「巨大」なのか、またどのように「巨大」なのか、「勝れた資質、才能」とはどんなものなのか、具体的な説明がありません。当代切っての多数の文化人が鳩首討議する機会をもち、折角日本人の潜在力を指摘しながら、その潜在力の実質を敷衍して語ろうとはしなかった。本当に残念なことです。

しかも、この報告書を受け取った小渕首相は４カ月後、突然亡くなりました。そのためでしょう。また国民一般が、こうした大きなテーマ、重要な命題にあまり関心をもたないこともあって、以後、だれもこの報告書を取り上げることはなく、早々に消えてしまったのです。

民族性を考える意味

東京五輪のビジョンづくりの経緯と、報告書「日本のフロンティアは日本の中にある」の顛末の二つを並べてみると、相互に共通するもの、通底するものがあることに気づきます。それは、いずれも日本人の特性、民族性についての考察を欠いていることです。

自分たち日本人は、いったい何ものなのか。世界のなかで生きているわれわれの、その実質はどんなものなのか。自己特性について深く突っ込み、思慮し熟考することは、すべての文化的考察や営為をすすめるに当たって欠かせない基本のプロセスといっていいと思います。ましてや国家１００年の計を考えたり、世界規模のメガ・イベントである五輪ビジョンを創出する際には、民族特性を考えることは必須の課題です。

一般論でいっても、たとえば個人の場合、自分がどのような長所、短所をもっているか、自己特性をしっかりつかんでこそ、的確な人生の方向を決めることができます。自己特性を無視して、ただ世間が注目しているから、脚光を浴びているからといって飛び込んでは、人生を浪費することになってしまう。自分自身の特性を的確に捉えて、できるだけそれにマッチした世界を選択してこそ人生の成功があります。それと同じで、国や民族が挑戦する課題でも、国や民族の特性、どんな強みと弱み、どんな美点と欠点をもっているか——これらを追究し捕捉することが不可欠の前提なのです。

わけても日本人は、世界のなかで特異なキャラクターの持ち主ですから、その特異性の由って来たるゆえんをしっかり把握しておくことが避けられません。このグローバルな時代では、海外の人々のためにもわれわれは、われわれ日本人の異質性を説明することが求められると思います。

ぶつかった課題の全体を俯瞰する。マクロ的な視座から捉える。われわれ日本人は、それがとにかく苦手、不得手で、宿痾ともいえそうな欠点でもあるのですが、いったい、どうしてこうなったのかを考えてみましょう。

歴史を振り返ると、江戸時代は長い鎖国政策下にありました。海外と比較しながら自分たち日本人を客観視する機会のない二百数十年がつづきました。開国して明治維新以後は、ひたすら西欧に伍することを国是として、固有の伝統文化は邪魔物扱い、万事欧米並みになることに懸命になりました。太平洋戦争後も、アメリカ文化を追うことに忙殺され、日本のアイデンティティを考える暇もなかったのです。

加えて敗戦後は、「国と個人は対立するもの」「国家は敵なり」といった思想がマスコミに跳梁跋扈して、これが教育の場にもひろがり、「民族」という言葉も国粋主義につながるとして排斥されました。実際、『民族という虚構』（小坂井敏晶著）と題する本が東京大学出版会から発刊されたりもしました。いわゆるリベラル思考がこの国を覆ったのです。

その結果、一般の人々も文化人も、われわれ日本人の特性を考究することに腰が引けてしまった。その弊害が至るところに現れています。自分たちの社会、民族の特性を知らないために、自分たちは、また日本は大きな浪費をしているのですが、それに気づかずに過ごしている。東京五輪のビジョンづくりに自己特性を考えようともしないスタンスは、このような背景があってのことだったのです。

第2部　唯食論と民族性

人類が生きるすべての営為の根源には、食があります。

その食から民族の性向をみていこうというのが「唯食論」の立場です。

とりわけ各民族の古代に注目すると、それらの民族の特性の原像が鮮明に浮き上がってきます。

第１章　先哲が残した箴言（しんげん）

３人の唯食論者

「食は人なり」という言葉があります。

戦後、活躍した作家の獅子文六も「文は人なり、食も人なり」と書いています。たしかに文章にも食にも、それぞれ人柄が表れます。この言葉に特別、違和感はなく、だれしも素直に受け取ることができるでしょう。

ところが、この「食は人なり」を逆にして、「人は食なり」といったらどうでしょう。

「えっ、なに、それ？」

強烈なインパクトがあります。

現実に、そう発言した人が存在するのです。いまから２００年前のドイツの哲学者ルートヴィヒ・フォイエルバッハ（１８０４～１８７２）がその人です。

「人間は、その食べるところのものである」

ドイツ人らしい武骨さですが、いささかの迷いも逡巡もなく、断じている。歯切れのよいこと。「人間、すなわち食、人間＝食」というわけです。これは、まぎれもなく「唯食論」です。

フォイエルバッハは学者一族の出身で、父は刑法学者、兄３人はそれぞれ考古学者、数学者、法学者、弟はルートヴィヒと同じ哲学者。彼本人はハイデルベルク大学、ベルリン大学、エアランゲン大学に学んで、最後のエアランゲンで講師になりました。が、「人間はそれ自身が自然物であり、神も宗教も人間がみずからの願望の対象を理想化した幻影でしかない」と主張して、「人間学」なるものを提唱しました。キリスト教を批判したことで、大学での教職を追われます。ときに、28歳。その後68歳で世を去るまでの40年間、一度だけ大学で講義をした以外、ずっと窮迫と孤独のなかで思索にふけったという学者です。世間では彼を、カール・マルクスの兄貴分に当たる唯物論者といいますが、本書は唯食論者だと考えます。

日本にもいた唯食論者

じつは、日本人も負けていません。フォイエルバッハと同じような、いや、もっと過激な発言をした人がいます。それも、フォイエルバッハより約１００年も前の安藤昌益（１７０３〜１７６２）です。

「人は、すなわち米穀なり」

「食なきときは人物すなわち死す。食をなすときは人物つねなり。故に人物の食はすなわち人物なり。故に人物は人物に非ず、食は人物なり」

ここでいう「人物」とは「人と物」、つまり人と動植物を意味しますが、さらに昌益はつづけます。

「食は人物ともにその親にして、諸道の大本なり。故に転定人物みな食より生じて食をなす。故に食なきときは人物すなわち死す。故に人物は人物に非ず、食は人物なり。分けて人は米穀を食して人となれば、人はすなわち米穀なり。人ただ食のために人と成るまでなり。かつて別用なし。上下・貴賤・聖釈・衆人といえども、食して居るのみの用にして、死すればもとの食と成り、また生じて食するまでのことなり。故に言語も聖釈も説法も教解も鳴くも吠ゆるもみな食せんがためなり。故に世界は一食道のみ」

このなかの「転定」とは、著書『食の思想』で昌益を紹介した小林博行氏の解説によると、「天と地ないし海と人と動植物を個別にいうのではなくて、この世界のあらゆるものをいう表現であろう。」となります。要するに「地球上」といった意味です。

ともあれ、昌益は宇宙から人間世界を俯瞰して、食なきとき動植物は死ぬのだから、「人食一体」というわけです。「食は人物ともにその親にして、諸道の大本なり」とは、「食が親、人は食の子」。これも、まさに唯食論というほかありません。

昌益は、津軽・八戸生まれの医師で、のちに秋田・大館に移って農業の指導にあたりました。封建制を激しく批判し、自分の食はすべて自分で生産する社会の建設を唱えた人です。彼の著作『自然真営道』『統道真伝』は長く埋もれ、昌益の存在はほとんど知られていなかったのですが、明治時代の半ば、旧制第一高等学校（現在の東京大学教養学部）の初代校長狩野亨吉が発掘して日の目をみることになりました。近年は、外国にも昌益研究者が出現しているといいます。

美味学の第一人者も

もうひとり、唯食論系の思想の持ち主にご登場願いましょう。

「君はどんなものを食べているか言ってみたまえ。君がどんな人であるか言いあてて見せよう」

世界的に著名なグルマン（食通）で、美味学の第一人者として知られるフランスのブリア＝サヴァラン（1755～1826）が残した言葉です。現在、食文化をとりあげる書物には、必ずといっていいほどこの言葉が引用されます。

サヴァランの本職は司法官。アルプスの麓のベレという小さな町で生まれました。生家は歴代、法学の系譜で身を立て、弁護士や裁判官を務めました。サヴァランもそれを継承、若くして大審院（日本の最高裁）判事に起用されます。しかし、フランス革命が発生すると、過激派に追われて亡命生活を余儀なくされ、スイス、イギリス、アメリカ、ドイツなどを流浪します。イギリスでは名門ホテル「サボイ」の料理人になり、またアメリカではオーケストラのヴァイオリン弾きなどをして糊口をしのぎました。その後、革命の混乱がおさまると、再び大審院判事に返り咲き、以後25年もの間、その職責をまっとうしたという人です。

『味覚の生理学』は、サヴァラン晩年の、近づいた死を前にしての著作で、辞世の書といっても許されるでしょう。「人の死なんとするや、その言やよし」といいますが、この書には、はったりや誇張はありません。きわめて純粋に真摯に、この箴言を残したと思われます。

「どんなものを食べているか」は、食べ方ではなく、食材を問題にしている。

また「どんな人か言いあててみせよう」は、富裕層の人か、貧困層の人か、世俗的な属性を問題にしているのではなく、あくまで人の気質、性向をみようとしたと考えられます。司法官とは別に、グルマン（食通）として世界的な名声を博したサヴァランは、天才肌の、それこそ天馬空をゆくような突出した才気の人でした。しかも亡命生活を経験した苦労人でもあった。そのサヴァランの残したこの言葉は、やはり唯食論のカテゴリーに入れてしかるべきものと考えます。

ルソーたち３人も

フォイエルバッハ、安藤昌益、そしてサヴァラン――。この３人の発言は、いずれも個人の食を対象にしたものですが、食と集団の関係においても同じことが考えられます。国民や民族といった大規模な集団に唯食論を適用しても決して的外れにならない。それどころか、唯食論は個人より集団のほうがより正確に適用される構造をもっています。たとえば、サヴァランがいま生きていて、われわれ日本人に出会ったとします。「日本人よ、あたたがたはいったいなにを食べてきた民族か言ってみたまえ。あなたがた日本人がどんな民族か、言いあててしんぜよう」とのたまうにちがいありません。フォイエルバッハにしても「民族は、その食べるところのものである」と喝破することでしょう。食からは、個人よりも国民とか民族といった巨大な集団のほうが捉えやすいのです。

そこで、食と集団、食と民族とのかかわりに注目した哲学者、作家を3人挙げてみることにします。

ジャン・ジャック・ルソー（1712〜1778）は、次のようにいいました。

「イタリア人は、多くの場合、牧草に頼って暮らしているので女性化しているのに対して、あなたがたイギリス人はたくさんの肉を食べるから、揺るぎないその徳性のなかに、なにかしら固くて野性的なものを備えている。スイス人は、元来冷静で穏やかで素朴な国民だが、ときとして荒々しく激怒する。それは彼らが肉食性であると同時に草食性であり、ミルクもワインも飲むからだ。フランス人は、柔軟であると同時に気まぐれであるが、彼らはなんでもよく食べ、あらゆる特徴に適応する」

「食物の多様性こそ、諸民族の多様性の原因」

ルソーは、フランス革命前の急進的な思想家として有名です。「自然人」が理想で、彼のアピール「自然に返れ！」は広く知られるところ。社会契約説、人民主権論、民主政治を説いてフランス革命に大きな影響を与えました。ルソーが50歳のとき発表した哲学小説『エミール』

は、カトリック教会による迫害の的になりましたが、他方で近代的な市民倫理を土台にした教育論として高く評価されています。なお、彼は菜食主義者でした。

ルソーは、さらにいいます。

「凶悪な人間は、血をすることによってますます冷酷になっていく」

「肉を消化吸収すれば、残酷な性格が生まれる」

「乳は、動物の体内でつくられるにもかかわらず植物性の物質であり、それは分析によって証明されている」

「草食獣の乳は、肉食獣にはないさまざまな利点をもっているほか、穏やかで、清浄で、栄養分が高い」

それにしても、「乳が植物性の物質」というのは面白い。旧約聖書の「肉なるものは、すべて草である」という一節を思い出します。

やはり実存哲学の先駆の一人であるフレデリック・ウィリヘルム・ニーチェ（１８４４〜１９００）の言説をみておきましょう。

「肉を主食とする人々が、概して普通の人間以上に残酷かつ凶暴なことは確かなことだ」

ドイツの哲学者ニーチェは、現世を醜悪なものとして捉え、既成の道徳から脱却し苦痛に耐え、俗世を超越して生き抜く「超人」を理想としました。また節度をもった食事いかんで傑出した能力を備えた優秀な民族をつくることができるといった考え方をもっていました。唯食論者です。

アレクセイ・K・トルストイ（1828〜1910）。いわずと知れたロシアの大文豪。『戦争と平和』『アンナ・カレーニナ』『復活』などの大作を発表した世界的なリアリズム文学の巨匠。彼も、食について書いています。

「毎日2斤ずつの肉や鳥や魚や、その他あらゆる興奮性の食べ物を食べれば、肉欲が過剰になる」

トルストイは少年時代、『ルソー全集』を読みふけったと伝えられています。やはり菜食主義を基本にした生活を貫きました。貴族出身ですが、晩年はその貴族の特権を放棄、放浪の旅にでて、地方の小さな駅で急死しました。

第2章　唯食論とは根源論

700万年、人は食の子

食をベースにしてものをみると、本質がよくみえてきます。個人にしても、組織にしても、あるいは民族にしても、妥協なく食を見据えていると、それらの実体が浮かび上がってくるのです。

なぜか。それは、食が人間のもろもろの活動の根源だからです。唯食論は根源論です。もっとも個人の食となると、プライバシーの壁などがあって簡単にはつかめません。その点、民族の食性は捕捉しやすい。巨大な集団である民族の食は、隠しようがないからです。そのため民族の特性（民族性）は唯食論によって把握しやすいことになります。

約700万年前、チンパンジーと分かれて直立2足歩行の人類が誕生しましたが、それ以前から当然ながら食は人類とともにありました。「人は食の子」です。

80万年前に、人類は火の利用を覚えます。文明の起点です。早速、火は食に使われました。ほぼ1万年前、人類は食を進化させ、採集の人工化である農耕へ、また狩猟の人工化である牧畜へと発展し、文明の画期に到達します。

牧畜は、家畜の〝栽培化〟であり、農耕は、植物の〝家畜化〟です。双方、ほとんど同時期の進化だったのは、人類全体がようやく文明をもう1歩すすめねばならぬといった段階を迎えていたからでしょう。「啐啄同機」という言葉があります。卵の殻のなかから鳥の雛がそろそろ出たいと殻をつつく。同時に外から親鳥がその殻を破ってやろうとする。その呼吸の一致を表現した言葉ですが、食という親が、人類という雛と同時に呼吸を合わせて狩猟を牧畜に、また採集を農耕に進化させたのです。

牧畜と農耕、こんにち「第1次産業」と呼ばれているこれら二つの生業は、まさに食とストレートに結び付いた産業です。しかし、18世紀後半の産業革命による工業社会の到来は、食と人との間に、ある距離をつくりました。人類の関心が工業や技術に向かい、食への関心は二義的な地位にさがったのです。人類誕生から700万年のほとんどの間、人類の関心を独占してきた食が徐々に後退していきます。

さらに文明は進化を遂げ、情報社会、AI社会へとステップアップし、ロボットは歩く、ドローンは飛ぶ、衛星は宇宙に宿ることになると、人々はこれら新しい科学や技術に心を奪われ、食への関心はさらに沈み薄れていきます。しかし、それでも依然として、「人は食の子」であり、食は人を支えて止みません。今後、仮に文明が極点に達して電子政府ができ、コンピュータが世界を統治するようなことになったとしても、食は人々を支えて根源の座にすわっているでしょう。人が人である限り、食は、つねに人と一体であり、人の親であり、人は食の子なのです。

唯食論は、そのことを強く主張する旗なのです。

食は古代人の教師

さて、今から1万年前、牧畜や農耕がはじまった古代は、文明の揺籃期。中世、近世、現代へと育っていく文化や社会、民族なども始原期です。その古代は素朴で飾り気がなく、実質をさらけ出しています。

食もまたスッピン、素顔、粉飾なしです。このころ、古代人の食に対する関心も並大抵のものではありません。食以外では、衣住のこと、家族のこと、集落のこと、気候、災害のことなどが気になりますが、古代人の意識の総量の70％ほどは食が占めていたと考えていいでしょう。古代には学校はありませんし、教科書もありません。古代では食が教師であり、食を生む自然が学校です。食に学び、そこに大きなステージを提供してくれる自然に学ぶ。なにごとも食と自然を土台にして考える。集落で人々は、自然や食に学んだり考えたことを出し合って、交換する。

食が圧倒的に古代人の意識を占領していました。もし、エンゲル係数をこの時代に適用できれば、軽く70％から80％に達するでしょう。古代人は全人的に食にかかわって暮らしていたのです。

唯食論からすると、古代は親しみやすい。食が、素朴な姿で本質をさらけ出しているからです。そのため、民族性を考える場合も近寄りやすい。次章で食と民族性との関係をみることにしますが、古代抜きには考えることはできないのです。

第3章　ヨーロッパの肉食

狩りで文明進化

ヨーロッパは緯度が高いので、中欧から北欧にかけては可食植物に恵まれていません。南欧は別ですが、スカンジナビアなどでは、かって可食野菜はわずか数種類に過ぎなかったといわれるほどです。したがって、どうしても狩猟、牧畜主体の食性にならざるをえない。

１９６０年代から70年代にかけて、欧米で「マン・ザ・ハンター論」というのが注目されました。「狩猟が文明を進化させた」という理論です。動物愛護団体からの抗議があったのか、いつのまにか消えてしまいましたが、いまさら問題にするのもおかしいような、あまりにも当然の理論です。農耕も文明を進化させたのであり、それをいうなら生業が、いや食が文明を進化させたと考えるべきです。

もちろん、狩りは戦略的でなければなりません。もともと狩りは厳しく苛酷な仕事。ターゲット、つまり獲物を得る確率も高くない。狩られる動物にしても、これまた厳しい位置にいるわけで、逆襲して人の命をいただくこともたびたびあったことでしょう。ハンターは獲物の習性をよくよく研究して、彼らの動きをしっかりつかみます。猟具の向上も図る。集団による組織的な猟も計画する。より高い効率の狩猟をめざすために全知全能を絞る。「マン・ザ・ハンター論」は至極当然のことを主張したに過ぎません。

また、狩りは能動的でなければなりません。狩猟者から積極的に獲物に挑み、倒す。相手も必死。生きるか死ぬか、双方、文字通り生死を賭けた果敢な戦いです。獲物の血をみて驚いているようでは生きられない。むしろ血を好むような感覚でなければならない。ニーチェやトルストイが肉食民族は残酷な性格になるといいましたが、その通りです。

ただし、残酷の問題は狩猟自体にもありますが、それより食べる前の肉塊を処理するプロセスにもあります。現代のように家畜を屠場でプロが処理するようになったのは２００年ほど前から。それまでは家畜を飼う牧場や家庭の現場で、それぞれが屠殺をして動物遺体を処理していました。最期がきたことを悟って命がけで暴れるだけ暴れるのを撲殺する。瀕死の悲鳴が響く。血が飛ぶ。切り裂いて、内臓まで引き出す。子供たちも、これをみながら育つのです。成長して、家業を受け継ぎ、また同じ仕事をする。

秋になると、牧場や飼育農家で、いっせいに家畜の屠殺がおこなわれます。「オータム・キリング」と呼ばれる年中行事の一つです。冬になると牧草が乏しくなり、飼料がなくなり、家畜はどんどん痩せていく。そこで、天高く肥えて肉量たっぷりの秋に屠殺してしまう。村じゅうが、多数の家畜の悲鳴と血潮で覆われるのです。

だれもかれもが、こんな作業を平然とできるわけではありません。なかには気が狂う人もでてくるでしょう。そこまでいかなくても、殺戮の苦悩から抜け出せず喘ぐ。ヨーロッパが、いや、牧畜を営むユーラシア大陸の大部分の地域がこうした懊悩に包まれました。

そこに、救済のための天才が登場します。

「全地のおもてにある種をもつすべての草と、種のある実を結ぶすべての木をあなたがたに与える。これはあなたがたの食物になるであろう」

「生めよ、ふえよ、地に満ちよ、地に従わせよ。また、海の魚と、空の鳥と、地に動くすべての生き物を治めよ。すべて生き動くものはあなたがたの食物となるであろう」（旧約聖書）

これで、人々は安心して牧畜を生業とする世界に生きることができるようになります。欧米の文化とは、こうした牧畜文化が生み出す「人間ファースト」（「人間中心主義」ともいいます）が土台になっているわけです。

「人間ファースト」では、人間だけしかみない。他の種を正確に捉える視点が失われていました。チンパンジーに感情があるということすら20世紀になるまで分からなかった。日本の人類学者、今西錦司がそれを指摘してヨーロッパの霊長類研究者に衝撃が走ります。ならばと、実際にチンパンジーの現地研究のためアフリカに出かけたのが、いまやこのジャンルの第一人者となった英国女性ジェーン・グドールさんです。もちろん、いまでは今西説の信奉者です。

狩猟・牧畜の遺産

ヨーロッパの人々が、現代、大きな視野を好み、戦略的であることは、古代の狩猟時代の遺産でしょう。

ヨーロッパの映画やドラマでは、しばしばカメラがズームアウトして広い都市景観や大きな農村風景を映し出します。物語のヒーローでも、小さな豆粒ほどになってもかまわず、できるだけ広闊なシーンを流す。また、物語の展開の合間、合間に、しばしばそれらのズームアウト・シーンを挟みます。観客、視聴者が、そうした広大なシーンによって安心したり癒されたりするのを心得た上での演出です。広い視野でものをみる狩人の習性が、現代に継承されているのです。

ヨーロッパの狩猟からは、そうした大きな視野をもった戦略性のほかに、力への信奉や競い合って発展する文化が生まれました。対立し競い合うことが日常化しています。ルース・ベネディクトは著書『菊と刀』のなかで、「父と息子とが競争で自家用自動車を使用し、競争で母親もしくは妻の注意をひきあうアメリカ人の家庭」

について触れています。

一般的に、ふだんの会話のなかにも競い合いや対立がふんだんに出てくる。ときにジョークとして、ときに家族のむつまじい団欒のなかで、そうした会話を楽しんでさえいます。日本人など、彼らの社会を覗いて、大きな声の烈しい会話を聞くとびっくりしますが、彼らにとっては、それらが通常のありふれた暮らし。びっくりするほうを振り返って、「えっ、どうしたの?」と、向こうがびっくりしてしまいます。

断絶も、狩猟のなかから育った文化の一面でしょう。人と動物の間に感情が入り込む余地をつくらない。それが敵と味方、死者と生者の間にも転移している。だから、仏教でいう輪廻転生のような思想はここにはありません。

動物まみれの欧州

ヨーロッパの社会は、日本の縄文社会が〝植物まみれ〟だったのに対して、〝動物まみれ〟の社会といえそうです。

1月の謝肉祭に始まって、春の復活祭、初夏の聖霊降臨祭、秋の聖体節や収穫祭、暮れのクリスマスなどには、必ず肉を用意する。「ヨーロッパの季節感は、野菜とか果物によって与えられるのではなく、肉によってもたらされる」(ドイツの民族学者クライナー・ヨーゼフ)のです。

日々の生活でも、肉を焼くと家長がみずから必ずナイフを執って切り、家族に分配します。この習慣は現代でも踏襲されている。狩りに出て、獲物を仕留めて帰ってくる男。家族のために収穫した肉を切り分ける醍醐味がその伝統となって残っているのです。

また欧米社会では、職場の明確な職掌の分担が確立されています。隣の人との仕事の境界がはっきり分かれていて、それぞれ司、司の職務責任が独立している。これは肉食獣の縄張りと同じ種類のものです。肉食獣は縄張りを守るのに大変な努力を惜しみません。それを侵されると烈しく懸命に戦って侵入者を追い出します。欧米では、挨拶にやたらハグやキスが繰り返されますが、これも動物の親子、兄弟がじゃれ合うなどのしぐさをみているうちに、人間たちの生き方のなかに入り込んだ習性と考えられます。

不潔な牧畜

牧畜にともなう負の側面にも注目しておかねばなりません。

家畜の飼育には、糞尿まみれが宿命的につきまとうので、どうしても「清浄無垢」からは遠くなります。遊牧民は、その点、いくらか違いがあるものの、柵で動物たちを囲んだ定住型の牧畜は、家畜の排泄物の処理が大きな仕事です。

「スープ鉢を奪いとって狂ったようにがぶ飲みする者がいるが、スープ鉢から直接飲むのは無作法である」

「宴会に招かれたら、念入りに爪を切り、爪垢を取り除いておけ。必ず手を洗っておかねばならない」

「パンきれを噛みちぎって、それを鉢に突っ込むな」

「骨をしゃぶって鉢に戻すな」

中世ヨーロッパでは、富裕階級の人々にもこんな食事マナーの訓戒がおこなわれていたと『食具』（山内昶著）は書いています。不潔が決して特別なものではなく、きわめて普遍的で日常的、常習的なものになっていたことをうかがわせます。

ヨーロッパの一般の家庭では、18世紀まで手食がつづいていました。現代、フランスの美しいパリジェンヌたちも、トイレのあと手洗いをほとんどしないといいます。もっとも、こんどのコロナ・ウイルス禍でいくらか変わったでしょうが……。

ヨーロッパが清潔に目覚めるのは、14世紀のペストのパンデミックではまだダメで、やっと19世紀のコレラの爆発的な流行に出会ってからのことでした。

第4章　とてつもない中国食

根源にあるのは「人豚一体」

FAO（国連食糧農業機関）が発表した2018年の世界養豚総数は9億7833万200

０頭。そのうちの半数近い45・１％の４億４１５８万９０００頭を中国が飼育しています。２位のアメリカはぐんと少なく７４５５万頭（７・６％）、３位はブラジルの４１４４万４０００頭（４・２％）とつづきます。中国の飼育数は桁違いの多さです。

中国のニワトリの場合はどうでしょうか。中国の養鶏数は約５億２０００羽で、世界の総数のなかで22・２％を占めるに過ぎません。またヒツジの世界シェアは13・６％、牛に至っては４・２％のシェア。中国では養豚が特別の地位にあることが分かります。

中国の飼育するブタの総数ですが、実際はＦＡＯが発表した数よりもっと多い可能性があります。なにしろ、あの日本の26倍の９６０万平方キロの超広大な国土の養豚です。申告漏れ、記載漏れだってあるでしょう。それに、たとえば雲南省の西双版納（シーサンパンナ）あたりでは、農家が飼育するブタとは別に、飼い主がなく自由に行動するブタが多数放浪していて、街の市場に村人と同じように顔を出したり、路上で昼寝をしたりしています。こうしたブタは養豚数にカウントされていないのではないでしょうか。

いずれにしても中国では、ブタはごく近しい、人との距離のない、親和性の非常につよい存在で、むしろ人豚一体といっていい生活を送ってきました。いまでも地方にいくと、人家のなかに豚舎がある住居は珍しくありません。何年前でしたか、豚舎の発するメタンガスを電力に変えて家じゅうの照明や家電器具に利用していた農家を、日本のテレビ局が取材していました。

そもそも漢字の「家」は、「宀」（ウかんむり）に「豕」（ブタ）でできています。漢和辞典は、「家」について「やね＋豕の会意文字。大切な家畜に屋根をかぶせたさま」と説明しています。家の屋根の下にブタがいるのが当然という感覚です。漢字の話のついでにいえば、「豚」には太ったブタ、「豢」には囲いのなかのブタといった語義があり、ほかにも「豕」偏を使った漢字一つで、大きなブタ、がっちりしたブタ、腹が地を這うほど太ったブタ、三つ子を産んだブタ、頭をぶつけ合って争うブタ、山あいの多くのブタをそれぞれ表しています。

これほど中国では親しくなじんでいるブタですが、世界には反対にブタを蛇蝎（だかつ）のごとく嫌う国が少なくないのはよく知られるところです。イスラム教圏、ヒンズー教圏、またユダヤ教圏がそれです。

「いのししはひづめが分かれ、完全に割れているが、全く反すうしないから、汚れたものである。これらの動物の肉を食べてはならない。死骸に触れてはならない。」（レビ記）

「太った豚になるよりも、やせたソクラテスたれ。」（スチュアート・ミル）

「豚はきたないところでも平気で、大食でなんでもむさぼり食い、やたら太り、鈍重で愚鈍で、節操がない。また発情期がほぼ二十一日周期で年中くり返し、子を生んだあと離乳後も一週間ぐらいで発情がはじまる。」（大塚滋『食の文化史』）

それにブタの母親は、子育てには不熱心で授乳のほかはとくになにもしない。子が衰弱していても無関心で、子の餌を横取りすることもある。次の出産に備えて、自分の体づくりのほうが重要ということのようです。典型的な雑食性で、どんな汚いものでも食べる。すさまじいばかりの生存本能をもちつづけているのがブタです。

しかし中国は、そのつよい繁殖力を古代から評価してきました。飼料効率も、牛や羊に比べてダントツにいい。

それに、なんといっても世界で初めてイノシシをブタに家畜化したのは中国人です。エジプト人も同じころ家畜化したとの説もありますが、約1万年前、中国は独自にブタ化に成功している。華南の桂林の洞窟遺跡（1万1３００〜９０００年前）から、また新石器時代初頭の華北や華中の遺跡（８５００〜７０００年前）からもブタの骨が出土しています。そのころの中国人は、世界初のブタへの家畜化に成功したという誇りをもっていたでしょう。先行者がもつ高揚感というのは、われわれが想像する以上に、大変なものだったはずです。ある種の陶酔すらあったと思われます。

悪食（あくじき）王国

さて、中国人の食性ですが、これがきわめてアナーキー。「悪食大陸」といわれるだけあって、日本人からみると唖然とするような食材をうまく処理して食べてしまう伝統をもっています。唯食論の立場からいえば、親和性のつよいブタの影響があると考えます。

「4本足で食べられないのは机と椅子だけ。空を飛ぶものなら飛行機以外なんでも食べ、海の中なら潜水艦を除けばみな食べられる」

などと中国人自身がいいます。飢饉だ、餓死だと追い詰められた瀬戸際では、食人もあったと『中国籠城食人史年表』（黄文雄著）が記しています。

現在の中国では、サソリやミミズも養殖しているといいます。セミ、イナゴ、コオロギ、バッタ、ゲンゴロウ、トンボ、アリ、ヤモリ、ゴキブリ、ムカデ、スズメバチ、タガメ、タツノオトシゴ、それにネズミ、ハクビシン……。すべて食材になります。

ハクビシンは２００３年、あのＳＡＲＳ（重症急性呼吸器症候群）騒動の引き金となった種です。騒動後、中国政府はハクビシンなど野生動物の取引を禁止しました。が、それもいつのまにかうやむやになってしまった。

こんどの新型コロナ・ウイルスも、武漢市のコウモリが発祥ではないかと疑われているのは周知の通り。こうした意外性のつよい食材には〝不老不死〟の特効があるといった信仰が人々の間に根強くひそんでいるので、簡単には消えないのです。

中国人の超ルール

規範無視から生じる大気汚染、水質や土質の汚染、群衆が集まった場所でのルール違反、たとえば行列への割り込み、マンションなど集団生活での公共意識の欠如など、中国人の行動は、いまや世界的な問題にもなってきました。

例の「３・11東日本大震災」で福島原発が被災し放射能漏れが心配されると、滞日中の多くの外国人が帰国を急いで羽田空港や成田空港に殺到しました。ヨーロッパや北米、東南アジア行きの航空券を求めてカウンターの前に長い行列ができたのですが、そのなかでも中国人だけは行列を無視。あとから駆けつけたのに、行列の先頭にでてきて大声で、「はやく、はやく、上海まで5枚！」「天津まで、急ぐから！」

いくら係員が「みなさんが並んで待っています。順番を守ってください」といっても聞き入れない。まさに傍若無人、視界には自分しかいないようなのです。

毒ギョウザ事件が発生したとき、中国政府は「日本の自作自演ではないか」といってみたり、中国漁船が日本の海上保安庁の巡視船に故意に体当たりした事件でも、漁船の船長を英雄扱いし、彼を拘束すると中国側はすぐ報復として在中の日系企業社員を連行し、レアアースの取引制限などの挙に出ました。

中国政府は東シナ海や南シナ海で海底資源埋蔵の可能性があると知るや、突如「わが中国の核心的利益」との口実で島嶼の領有権を主張し、一方的に領海法なるものを制定したりします。

今回のコロナ・ウイルス感染事件でも、中国の対応は常軌を逸したものとして広く世界が認知するところとなりました。当初、武漢市が発生事実を隠蔽し、感染が世界的な拡大をみせ始めると、「発生源は米国だ」と責任の転嫁を図ります。駐日中国大使は「日本が発生源」とまで口にしました。なんの根拠もなく、すぐウソだと分かるような放言を平然として、あとなんら釈明もしない。ちょっと、いってみる。アドバルーンを揚げてみる。もしも反応が少しでも自分に有利のようであれば、嵩にかかってフェイク宣伝を本格化する。これは、中国の常套手段です。

最近は「宇宙大国」をめざし、中国は大型ロケットを盛んに打ち上げていますが、その残骸を制御せず地上に落下させ、世界的な批判を浴びています。2020年にはロケットの破片がアフリカ西部の民家に落ちたという報道もありましたが、その後も制御しない落下物がインド洋やフィリピン近海で発見されています。

第5章　韓国の国民食

1日も欠かせないキムチ

韓国は、みずからを「小中華」と称しているほどですから、食も中国に近いとみることができます。まず、姜仁姫(カンインヒ)著『韓国食生活史』をみることにしましょう。

「『アルタイ族』の1派閥である私たちの民族は、早くも新石器時代からすでに農耕文化を築き土着文化を発展させ、日本や他の国までその技術を伝播した。米を主食とする習慣は数千年の歴史をもち（中略）一方で、狩猟民族の血を受け継いだ民族らしく肉食を楽しみ、すでに部族の形成以前に肉を焼いて食べるという方式を知って、数千年以来、肉食を続けてきた。」

植物系食材も口にするが、肉食にも大きな比重をおいた歴史をもち、現在も犬食を含めて肉食民族である点で、韓国人は日本人とはかなり異なる食文化をもっています。

肉食民族は世界に多数存在していますが、韓国人の特性を食からみるとき、どうしても重視しなければならないのは国民食であるキムチです。

キムチは２０１３年12月、ユネスコ（国連教育科学文化機関）の世界無形文化遺産に登録されました。登録名は「キムジャン　キムチ作りの文化」。日本の「和食　日本人の伝統的な食文化」と同時登録でした。

キムジャンというのは、秋、各家庭でひと冬じゅう食べるキムチをいっせいに漬ける行事をいいます。春まで食べる分ですから、かなり大量を漬けることになります。主婦たちが腕によりをかけて、それぞれ各戸特有のキムチづくりに励みます。隣同士が協力する地域でも重要な行事。キムジャンの季節になると、村や町全体がうきうきしたお祭り気分に包まれます。

主材料はハクサイが一般的ですが、ダイコン、キュウリ、ナス、カラシナなどを使うこともあります。また調味料として、よく知られているようにニンニクとトウガラシ、それに塩辛、ショウガ、牡蠣などを加えます。

国民食であり、国の誇りですから、国じゅう毎日の日常食にしている。１日たりとも欠かさない。２０１９年のキムチ消費量は１人約36キロ。コメが約59キロですから、いかにキムチを大量に食べているかが分かります。かつてベトナム戦争に派兵された韓国軍に、キムチの支給が滞ったことがありました。当時の朴大統領がわざわざ米国のジョンソン大統領（当時）へ親書を送って、

「韓国人にとって毎日欠かすことのできない特異で伝統的なキムチ。1日も早くわが兵士に補給することができれば、わが軍の士気は格段に高まります」

と、訴えました。それほどキムチは韓国人にとって切っても切れない食材です。

この愛される国民食が、韓国人のキャラクターをつくったとみることは不自然でもなんでもない。なかでも調味料のニンニクとトウガラシが、韓国人の特性と深くかかわっていると考えられるのです。

エネルギッシュなニンニク路線

そこで、ニンニクから考えていきましょう。

ローマ帝国の命運を支配した〝黒幕〟は、じつはニンニクだった、という話があります。ローマの建国当初、近隣周辺の国々との争いが絶えず、出動する兵士たちはオオムギとともにニンニクを携行。ニンニクは戦陣の合間に兵士一人ひとりがもっている小さな石臼でつぶして飲み込みました。

農家でもニンニクをタマネギやチーズなどと一緒に食べました。すり鉢ですって、ニンニク

のつよい刺激にポロポロ涙を流しながら、それを我慢して食べます。ニンニクは精力剤で、みんな元気もりもり、疲れ知らずで苛酷な労働にも耐えました。こうしてローマ帝国は繁栄を謳歌したのですが、最盛期が過ぎて文明のうま味を十分満喫したころから、人々は次第にニンニクの匂いを遠ざけるようになります。皇帝、それに側近や貴族たちもニンニクのために侍従、侍女に避けられたり嫌われたりすることに気づきます。そこで匂い消しのために狼の頭骨などを粉末にした歯磨きや芳香剤の入手に血眼になりました。しかしその効なく、大帝国の繁栄に影がさし衰微へと向かいます。当初の強靭な精神は、去っていったニンニクとともに忘れられ、ついには帝国の終焉に至ったというのです。

韓国にとって、ニンニクは有史以来の食材です。建国神話によると、民族の祖、檀君（だんくん）は洞窟のなかで１００日間、ニンニクとヨモギを食べて暮らした熊女から生まれたことになっていまず。すでに韓国の国初めにニンニクが大きな役割を果たしていた。以来、５０００年近くを、韓国の人々はニンニクを食べつづけてきたのです。

フランス映画「タクシー」。そのなかに白タクを走らせる韓国人２人が登場します。１人が運転中、もう1人は車のトランクの中で眠り、交替して車を24時間休むことなく稼働させる。車は給油するとき休むだけ。車が悲鳴をあげそうです。地元のフランスのタクシードライバーは、韓国人の超人的なバイタリティにすっかり脱帽し、両腕を大きく広げて肩をすぼめていました。韓国人のエネルギッシュな活動ぶりは、いまや世界的な定評になっています。

産業界もエネルギーにあふれています。釜山港や仁川港は、夜も眠らない。24時間、港湾労働が稼働している。東アジアのハブ港の地位を横浜や神戸から奪ってしまった。造船、スマートフォンなども急速な発展をみせ、世界首位のランクを占めていることはよく知られています。短期間のうちに力をつけて先進国入りし、いまや韓国のGNPは、人口が韓国の3倍近いロシアを抜き、世界9位のランクを占めています。

スポーツで、五輪（夏季）における金メダル獲得数。わずかな例外はありますが人口2・4倍の日本をつねに上回っています。国際的なスポーツ団体には、なかなか〝洗練〟された根回しで次々役員を送り込んでいる。反日の慰安婦像を、関係のないアメリカやヨーロッパにまで建てるあのエネルギーが、至るところで発揮されているということです。

トウガラシで火病

キムチのもう一つの主材料であるトウガラシは、新大陸（メキシコ、南米）の原産。あらゆる植物のなかで辛さはダントツ。植物が食べられるのを防ぐためにもっている自衛手段としての化合物カプサイシンがトウガラシの辛さの素で、野生のトウガラシは中南米で「チルテピン」と呼ばれています。訳すと「あわてもの」。その「辛さは強烈だが、すぐ消えてしまう。まるで怒り狂って殴り合いをはじめたものの、すぐ疲れ果ててしまう小男のよう」（『トウガラシの歴史』）と現地の人々は説明するそうです。

トウガラシは、15世紀コロンブスがヨーロッパにもたらし、アジアに伝播。日本には16世紀半ば、ポルトガル人が南蛮物のなかの一つとして持ち込みました。１６１５年ごろ、タバコとともに日本から韓国にもたらされたとされています。『韓国食生活史』によると、17世紀にトウガラシは粉末加工ができるようになってから、キムチだけでなくあらゆる料理に使われるようになったとのことです。

韓国人の過激な行動も、世界的な認知を得るようになりました。国会での乱闘騒ぎ。慰安婦問題や竹島をめぐる反日騒ぎ。政治デモでも火山が噴火したような狂乱状態に陥ることも珍しくありません。国内だけでなく、海外でも暴力沙汰をおこし話題を提供しています。かつての「ロサンゼルス暴動」での韓国人の銃撃戦など、まだ記憶している人は少なくないでしょう。

最近では、「ナッツ姫事件」があります。２０１４年12月大韓航空（ＫＡＬ）の女性副社長が機内サービスのナッツの出し方がわるいと怒り出し、パーサーを機から降ろしただけでなく、機長に命じて誘導路にいた機を出発点の搭乗地点まで引き返させました。これに全韓の世論が沸騰し、「悪質なパワハラだ」と猛烈に非難。副社長は、辞任したばかりか起訴されて、有罪判決を受ける身となりました。

「一瞬の怒りが抑えられず、カッとなる衝動犯罪が年間15万人」（中央日報）

「腹立ちまぎれの犯罪41・５％」（朝鮮日報）

「成人の半分は憤怒調節障害」（中央日報）

「成人の10％が要医療の憤怒調節障害」（評論家、室谷克実さん）

他の国では聞いたことのない「憤怒調節障害」なる言葉が飛び出しました。アンケート調査で、22・3％の韓国人が「1日に5回以上怒る」と回答しています。

また韓国の健康保険審査評価院の発表では、

「火病で診察を受けた患者数は年平均（２０１１〜２０１３）11万５０００人」

と室谷さんが伝えています。

「駐韓アメリカ大使襲撃事件」は、世界を揺るがしました。２０１５年3月、ソウルでマーク・リッパート大使（当時）が男に襲われ、刃物で顔と手首を切られて80針も縫うという事件。「米韓の軍事演習訓練に抗議した」男は前科6犯。その前科のなかには日本大使館にコンクリートの塊を投げつけた犯行もあります。過激で悪質な火病犯罪が、政治がらみになると、なぜか実質的に微罪で釈放されるのがこの国の特徴です。

もう20年以上前になりますか、大邱（テグ）市で地下鉄電車の火災事件が発生しました。車両に放火され、乗客が多数焼死しました。その日の朝元気に出かけた家族が、数時間後には焼死体に。駆けつけた大勢の遺族たちの号泣が地下鉄構内に反響して、揺れに揺れたといいます。２０１4年の「旅客船セウォル号沈没事件」でも、遺族たちの激しい悲しみと反発は世界に放映されました。

悲しいとき、あたりかまわず大声で泣き叫ぶ。それが逝った故人に対する深い追悼になる。

さらに葬儀など、「泣き屋」を雇って地面を転げ回ってもらいます。

「昔は、お母さんやお父さんが死んだとき、泣き声が外に聞こえるまでないと、まわりから、あそこの家は親不孝の家だといわれたものです。だから、涙が出なくても、『アイゴー、アイゴー』と一晩中やらなくてはいけない。それでみんなで交替して『アイゴー、アイゴー』というふうに、外に聞こえるように声をあげていたのです」（文国鎮・大韓法医学会名誉会長）

喜怒哀楽はみな、臆せず最大限、感情をあらわにするのが美徳。トウガラシによって生まれる感情の強烈な発露が、一種、文化のレベルまで〝昇華〟しているといっていいでしょう。

第3部　日本列島の草食

太古以来、この国では草食が一貫してつづけられてきました。

仏教が入り、肉食禁止令が発布され、明治維新まで日本人は植物系食材に軸足をおき、獣肉を口にすることは公式的にはできない生活を送ったのです。

この流れはグローバルの現代にも、多少形を変えて、引き継がれているとみることができます。

第１章　欧米人から見た日本食

日本観察第1号

１５４６年（天文15年）、鹿児島の山川港に１隻のポルトガル船が錨を下ろしました。船長ジョルジェ・アルヴァレスは上陸すると半年間、南九州を中心に歩き回り、その見聞記を帰国後『日本報告』として出版しています。おそらくヨーロッパ人による本格的な日本印象記としては最初のものでしょう。

異民族にであって、なにはともあれ、まず注目するのは食文化。この本も早速わが国の食生活について記述しています。

「彼ら（日本人）はモーロ人（北アフリカのイスラム教徒）のように座り、チナ人（華人）のように箸を使って食事をする。各人は塗り椀、瀬戸物、外側を黒く塗った椀などに食物をとって食べる。夏には熱い麦茶を飲み、冬には数種の草ervas――私にはこれが何か分からなかった――から作る飲物を飲む。彼らは冬でも夏でも決して冷たい水を飲まない」

ポルトガル語の「erva」は「草」のことで、「邪魔物の雑草」、あるいは「毒草」なども意味すると『日葡辞書』にあります。ポルトガル語の「vacca（肉）」には「絶えず利益を生むもの」という別の意味があるのとは対照的です。「日本人は、ろくでもない草を食べている」というのがアルヴァレス船長の日本人像でした。

宣教師たちの日本記

「日本人は、自分等が飼う家畜を屠殺することもせず、また、食べもしない。彼等は時々魚を食膳に供し、米や麦を食べるが、それも少しばかりの量である。但し、彼らが食べる草は豊富にあり、またわずかではあるがいろいろな果物もある。それでいて、この土地の人々は、不思議な程の達者な身体をもって居り、稀な高齢に達する者も多数いる」

アルヴァレス船長来日の3年後、1549年（天文18年）8月、やはり同じ鹿児島の山川港に上陸しキリスト教布教をはじめたフランシスコ・ザビエルが、ローマのイエズス会本部に送った書簡のなかの一節です。「家畜を屠殺せず」「少しばかりの米や麦を食べ」「豊富な草、いろいろな果物に恵まれ」と強調して、日本人は欧州とは異質な草食民族であると伝えています。来日宣教師第1号の手紙ですから、歴史的な情報といっていいでしょう。

ザビエルのあと、多くの宣教師が盛んにこの国を訪れます。ヤソ会士のパードレ・ガスパル・ピレラは1565年（永禄8年）、ポルトガルの僧院に次のような書簡を送りました。

「本来甚だ豊沃にして僅かに耕作することに依り、多量の米を得、即ち当国の主要なる食糧なり。又麦・粟・大麦、蚕豆（そらまめ）、其他豆類数種、野菜は蕪（かぶら）・大根・茄子・萵苣（ちしゃ）のみ。又果物は梨・柘榴（ざくろ）・栗等あれど甚だ少なし。肉は甚だ少なく、全国民は肉よりも魚類を好み、其量多く又甚だ美味にして佳良なり」

また、１５８４年（天正12年）同じヤソ教の神父、パードレ・ロレンソ・メシヤが書いた手紙もあります。

「其食物は他の諸国民と全く異り、果物も甘い物も食はぬ。又油・酢又は香料の加はった物は食はぬ。牛乳と乾酪（チーズ）は有毒なるものとして嫌ひ、ただ塩のみで味を附け、或地方では塩が食料品である。大多数の人は米と各種野の草や貝類を沢山に食ひ、野の食と貝類及び塩をもって養いをとる者が多い。皆如何に暑い時でも耐へられるだけの熱度の湯を呑む。また冬に同じようにして酒を呑む」

さらにルイス・フロイスの書き残したものにも注目しましょう。

彼は１５６３年（永禄6年）来日した神父で、長崎で64歳の生涯を閉じるまでの34年間滞日生活を送り、その間大部の『日本史』を著しています。その執筆の合間にメモ風の『日本覚書』も残しました。

「われらは、すべてのものを手で食べる。日本人は、男女とも、幼児のときから二本の棒で食べる」

「われらの常食は小麦粉のパンである。日本人は塩をぬいて炊いた米」

「われらは、乳製品、チーズ、バター、骨の髄などを喜ぶ。日本人は、これらをすべて嫌悪する。彼らには悪臭がひどいのである」

「われらは、食物にいろいろの薬味を加えて調味する。日本人は、それに味噌を用いる。これは米や腐敗した穀物を塩と混ぜたものである」

「われらにおいては、動物が野菜の葉を食べて根を残す。日本では、一年のうちの数カ月は、貧しい人々が根を食べて葉を残す」

「ヨーロッパの人が甘いものを喜ぶのと同じ程度に、日本人は塩辛いものを好む」

とにかく、日本とヨーロッパは逆、あべこべの食文化なのだ、と力説しているのです。

日米の饗応合戦

幕末の1853年（嘉永6年）、米国の東洋艦隊、いわゆる〝黒船〟を率いて浦賀沖に現れたペリー提督。翌年再び来航、提督が米国大統領からの国書を林大学頭に手渡し、幕府も開国の意思を米国側に伝えて日米和親条約が締結されました。

その日、幕府は祝賀の饗宴を催しました。提督はじめ幹部士官、儀仗兵や兵卒ら総勢約450名を横浜の浜辺に臨時に特設した饗宴場に招きます。一説によると、1名につき銘々膳の出費は3両。この祝宴のため幕府は合計2000両近くを負担したといいます。すでに幕府の財政は火の車でしたから、この支出は過大な重荷になって幕府の力を奪ったことになります。

この饗宴のあと、ペリーも返礼として幕府の要人70名を旗艦ポーハタン号に招待。フランス人のシェフが腕をふるい、僚艦が生きたまま運んできた牛や山羊、豚、鶏の肉をサムライたちに振る舞いました。

この一連の日米饗応合戦について、ペリーは『日本遠征記』のなかで次のように記しています。

「（交渉責任を負った幕府の）委員たちの宴会は、（招かれた米側の）賓客たちに著しく好ましい印象を与えたわけではなかったが、賓客たちは主人側の歓待をおおいに喜んだ。主人側の丁重さと、かいがいしい親切は、儀礼上、遺漏はなかった。けれども賓客たちは自分らの前でおこなわれた異様な饗宴によって、ほんのわずかしか満足させられない食欲を抱いたまま立ち去ったことを白状しなければならない」

「日本人の食物に関しては、たいへん結構とは言いかねる。見た目の美しさや豪華さにどんな贅を凝らそうとも、日本の厨房はろくなものを生み出していないと言わざるを得ない――私たちの見てきたことから判断するなら、あるいはまた、条約調印の際に（幕府の）委員たちからの食事を基準として、日本人の美食度や嗜好を判断してよいとするならば、たしかに、委員たちは料理の貧弱さを詫びて、なんといっても神奈川ではよい材料を入手するのは難しいのだと言ってはいた。だが、これは見え透いた言い訳である。江戸はすぐそばなのだし、対馬守の料理人が来ていたのだから。ポーハタン号上の午餐会で、委員たちと従者数名に出された料理は、向こうが出した分の20倍にはなるだろう」

ペリーの記録によると、このとき幕府側が提供した膳部の内訳は、

「漆塗りの銘々膳。椀に入った魚のスープ、冷たい魚料理にすり下ろしの大根その他の野菜をまぜたもの。次に半分に切った固ゆでの卵に調理した魚、干した昆布、小エビを混ぜたもの」

「料理――と言っても、われわれの考えるディッシュとは似ても似つかぬが――は、中国や琉球と同様な方法で調理されていた。おもに濃いスープというか、むしろ薄いシチューというべきもので、実はほとんど新鮮な魚である。そういう料理が次から次に小さな器で出され、それに醤油その他の調味料がついてくる。食事には砂糖菓子やケーキがつきものである。サケは言うまでもない。サケには強弱があって、熱くして飲んだり冷たいまま飲んだりする」

「食事の終わり近くになって、ゆでた伊勢エビ、揚げた魚ひと切れ、ゆでたエビ2、3尾、それにブラマンジェぐらいの固さの小さな四角のブディング（豆腐のこと）を盛った皿が各人の前に出され、私たちが帰ったあとで艦に届けられるとのことだった。実際、そのように届けられたのだった」

そしてペリーは日本食を、こう総括しています。

「この饗宴を基準にして日本人の生活を判断するとしたら、たまたまこのときの料理が貧弱で素っ気なかっただけではないかと疑われても無理はないと思う。しかし、食事を出されたことはほかにもなんどかあるのだ。量の点ではむしろこのときが一番多かったぐらいで、料理の種

類や調理法はいつも似たり寄ったりだった。全体として食の面では、日本や中国より琉球のほうがすぐれていると思う」

幕府側の接待は、第1級の料亭である日本橋・百川から出向いてもらい、前記の通り客人1人につき3両（当時の1両は現在の10万円に相当）の支出をいとわぬ大盤振る舞いでした。にもかかわらず、ペリーは日本料理を酷評している。「見た目の美しさや豪華さ」を認めても、分厚いビフテキに出会えなかったことにひどく失望。それに、すべてのメニューは皿いっぱいに盛り付けて余白を残さない米国式の膳ごしらえに比べると、小さな皿でチョコチョコ出てくる懐石料理ごときは、広大な大陸に生きるヤンキーにとってあまりにも感覚のちがう「特異な饗宴」だったのです。

第2章　縄文時代の草食

日本列島は草食列島

古代ギリシャの詩人ヘシオドスはいいました。

「誠実な人は飢えに苦しまない。神々が豊かな生活の糧を――ドングリが実るオークと蜂蜜と羊を――あたえてくれるから」

木の実を常食とした民族は、かつて世界のかなり広い地域に広がっていました。北米の先住民、カリフォルニアや東部のニューイングランド地方、さらにはカナダの北西部などのネイティブ（先住民）にとっては、木の実は一貫して主要な食料でした。また現在でもイランから中央アジア、あるいは地中海沿岸地方、イベリア半島など、ドングリ食を楽しむ地方が分布しています。隣の韓国でも、木の実をコンニャク状にした「ムック」が有名です。

日本列島では、1万年余りもつづいた縄文時代の主食がドングリなどの堅果類であり、稲作がはじまった弥生時代でも、依然木の実はコメと並ぶもう一つのメーンフードでした。その後、歴史時代に入っても、木の実は予備食ないしは救荒食として重要な地位を占め、いったん緩急あれば、貴重な補完食としての役割を果たしたのです。

東北山地や奥飛騨、九州などの一部では、つい昭和の半ばまで実際にドングリ食が継承されていました。食糧が払底した太平洋戦争末期の昭和19年（1944年）10月、農林次官が都道府県知事に対して「未利用資源による粉食の推進に関する措置要項」と題する通達を出して、国民にドングリを食べるよう指示しています。また、コメ余りがいわれる現代では、考古学ブーム、縄文人気があって木の実の粉でつくった〝縄文クッキー〟が囃され、各地のイベントでその復元食が話題になっています。（ちなみに「ドングリ」は、厳格にいうとブナ科の木の実のことですが、木の実や堅果を総称してドングリということが多くなっています）

しかも見逃してはならないのは、縄文時代では若干の地域差はあるものの、全体としては堅果類を中心にした植物系食材の比重がきわめて大きく、獣肉の摂取比率は低いこと。魚介類にはある程度依存しましたが、それは主として沿海部のことで、現代の多くの人々が想像するほど縄文人の魚食の比率は高くなかったこと。あくまで植物系食材（草食）をベースにした食性が縄文時代とそれ以後も連綿とつづき、日本列島は実質、草食列島であったことです。あくまで植物系食材が核で、詩人ヘシオドスがいう「蜂蜜と羊」は、日本列島ではほとんど対象にはならなかったとみるべきです。

縄文人の生業戦略

縄文人が木の実を主食とする生業戦略を選択したのは、いったいなぜでしょう。

その理由の第１は、東日本では落葉広葉樹林帯（ブナ樹林帯）、西日本では照葉樹林帯がそれぞれ広がっており、前者ではクリ、クルミ、ブナ、ミズナラ、コナラ、トチなどが大量に生産され、後者ではシイ、カシの実を採集の中心とすることができたからです。

ナラのドングリにはタンニンがあり、とりわけトチの実はタンニンのほか、毒性のつよいサポニンも含んでいて、アク抜きのため水に晒したり加熱したり、食用可能になるまで１カ月はかかる難物です。その反面、トチの実のサイズは直系３センチほどもあって収穫も多大な量が期待できるうえ、３年から５年の貯蔵に耐えます。

『斐太後風土記』には、大人が1人1日に2斗（36ℓ）のドングリを集め、6日間で家族全員の年間必要量92石（16・56kℓ）を収穫したという記録があります。大阪の万博公園にある日本庭園のクヌギの実は10アール（1反）当たり約65kgの収穫ができたという調査もあります。

しかも、木の実一般はカロリーが高く、栄養的にすぐれています。米と比べてもさほど遜色がない。戦前まで、縄文人を〝土蜘蛛〟などと蔑視してドングリを頭から見くびり、その高い栄養価に気づくのがおくれたようです。クリの熱量は100グラム当たり156キロカロリー、シイの実は256キロカロリーで、サツマイモの123キロカロリー、ジャガイモの77キロカロリーを上回っています。トチの実の365キロカロリーは精白米と同じ。クルミにいたってはなんと673キロカロリー。わずか8本のクルミの木で成人1人を1年間養うことができるというい伝えがあるほどです。

縄文人が木の実を主食に選んだ第2の理由には、土器の発明を挙げねばなりません。日本列島が旧石器時代と決別して新石器時代に入る画期をもたらしたのは土器でした。土器のない旧石器時代は、植物系の食材を口にするのは簡単ではなかった。熱に耐える器がなければ煮炊きはできません。せいぜい熱した石の上に食材をのせて焼くか、あるいは採取したものをそのまま食べる、いわゆる生食するしかなかったのです。

縄文人は、世界で最も早く土器をつくりだした人たちとされています。シベリア経由で土器が入ったという説もありますが、このころも日本列島は無類の〝災害列島〟であり、火山の噴火時に溶岩が粘土を焼き物風に変えていく過程を知った縄文人が、みずから土器を焼くことになった可能性があります。

1万3000年前の土器片46点が青森県蟹田町（現、外ヶ浜町）の大平山元Ⅰ遺跡で発掘されました。1999年のことです。それらには煮炊きをした痕跡が残っていました。

土器革命

土器の出現によって初めて煮炊きする食文化の幕が開き、植物のアクを抜き、繊維質の葉や茎をやわらかくすることができるようになった。それによって食べることが可能になった食材の種類が一気に多様化しました。その食法も次第に進化して、蒸す、炒めることができるようになっていきます。当時の人々にとって、これは大事件でした。一新紀元を画する重大な進歩であって、18世紀の産業革命にも匹敵するといってもいい土器革命の実現でした。事実、日本列島では、この土器の利用をもって旧石器時代の終わりとし、新石器時代の幕が開くことになったのです。日本の新石器時代を、後世の人々があえて「縄文時代」と呼称するのも、土器の発明がただならぬ意味をもたらしたことによります。

土器の出現を歓喜して迎えた縄文人は、初めて土器をつくる先発者としての誇りと高揚感をもって、きわめて意欲的な制作活動をスタートさせたと思います。草創期こそ煮炊き用の深鉢が中心でしたが、次第に壷型、人ひとりが入るような大型、さらには火焔土器、水煙土器など、装飾性のつよい土器をつくるようになります。その用途も煮炊き用から取り分け、盛り付け、運搬、貯蔵などとひろがり、さらにさまざまな生活用品、祭祀用具などに発展します。

一方、土偶もさかんに焼いて手芸・工芸も活発になり、自由奔放な造形に酔いながら、なにかというとみなが集まって野焼きを楽しみ、土器、土偶焼きに打ち込んだにちがいありません。世界の遺跡のなかでも縄文遺跡ほど、土器、土偶の出土量の多い遺跡はないといいます。土器づくりの巧みな人は、どんどん人望を集めて集落の長(おさ)にまつりあげられるといったことも起こったでしょう。

土器の文様は、縄文初期には粘土板に粘土の紐を貼り付けた隆線文、ヘラや棒を使った沈線文が主でしたが、その後は草の繊維の束を撚(よ)って藁縄のようにし、それを粘土板に押し付けたり回転させたりして施文するようになります。その縄の撚り方に右撚り、左撚りがあって、それを組み合わせたり、端でつないだり、あるいは数本を一度に使ったりの施文や、また輪や節目をつけた縄での施文、縄を縦方向か、横方向か、あるいは斜め方向に動かしての施文も手がけています。縄文時代も後期になると「磨消(すりけし)縄文」という一部縄文を消して、残りを際立たせるといった手の込んだ技法を使った土器も現れています。

さらに器壁に人面や動物の姿を刻む装飾文様も、これまた多彩で、イノシシの顔や鳥の頭、とぐろを巻いた蛇を描いたりしています。

縄文人は土器・土偶づくりに陶酔したプロフェッショナルでした。1万年を、こうして暮らしたわれわれ日本人の祖先。これが原点、一つの苗床となって現代日本人の鋭い美意識、卓越した精緻性や職人性、豊かな多様性などが育つことになったと考えられます。

植物利用

土器づくりの進歩とともに、縄文人の植物利用はめざましい発展を遂げます。なにしろ植物系食材を軸にした食性に浸っていた縄文人ですから、草木に対する関心は並大抵のものではなかったと思われます。食べるだけでなく、生活のあらゆる面に草木それぞれの特性をみつけて活用したことでしょう。

薄く削った杉・竹などを縦と横に交差させる網代（あじろ）編み。縄文人はこの編み方で、筵（むしろ）や簾（すだれ）、網、簀（す）をつくっています。また立体的な籠、箕（み）なども。三内丸山遺跡の網代編みの〝縄文ポシェット〟はよく知られています。「縄文時代の網代編みの編み方には50種類の型式が数えられている」（『考古学を知る事典』）ということです。また横糸に縦糸をからませる捩（もじ）り編みの籠も出土しています。

さらに布づくりでも、縦糸に横糸をからませた編布（あんぎん）があり、縦糸と横糸を交差させた織布も手がけています。むろん、より簡単な平織り（縦糸、横糸を1本ずつ交差する）も普及していたようです。縄文中期の谷地前遺跡（山形県）からは、なんとも高度な綾織り布の圧痕が出ています。

一方、木製品も多分野におよんで、櫛や腕輪などの装身具、皿や匙（さじ）、杓子（しゃくし）などの食具、斧の柄や砧（きぬた）などの工具、杭や柱、梁の建築材、それに丸木舟、橋、水場施設など広範な樹木利用がみられます。

また漆工も見逃せません。是川遺跡（青森県）からの出土品には漆（うるし）塗りの櫛、籃胎（カゴ）漆器があり、鳥浜貝塚（福井県）からは多数の漆器が発掘されています。漆液は塗料、接着剤、充填剤などとしても使われました。中国から入った技法だという意見がありましたが、考古学がすすむにつれて、どうやら縄文人が独自に漆工技術を開発したらしいことが判ってきました。

土留めに使う木の杭を、腐食防止のため表面を焼いたりしています。縄文人の知恵のレベルは、決して未開人のそれではありません。明治政府が「土蜘蛛」といって縄文人を蔑視したのは、どう考えても大きな誤りです。

縄文人の世界観

三内丸山遺跡では、近くの八戸地方にイノシシやシカが結構棲息していたのに、狩りには強い関心を払わなかったようです。この遺跡から出土するのは、せいぜいムササビとかノウサギなどの小動物が中心で、出土した獣類の骨のトータルのなかでイノシシ、シカの占める比率はわずか3％ほど。大規模なクリ林を造成していたこの集落では、動物を殺傷することでクリが凶作に見舞われることを恐れたのだと考えられます。他の遺跡では、三内丸山遺跡ほど抑制的ではないにしても、総じて草食に傾斜していた点では基本的には同じ構造の食性で、本格的な狩猟については呪術的な禁忌としての抑制が働いたと考えられます。

縄文時代は、1万年ほどつづきます。人口こそ草創期で約2万人、前期、中期の最盛期で約26万人と至って少数ですが、その年月の長さは桁外れ。明治維新から現在までが150年そこそこですが、縄文時代はその60倍以上の長さになります。そのような超長期を生きた縄文人は、ドングリや山菜、野草などの草食を基本とした生業で一貫したことで、ものの見方、考え方など形而上、形而下を問わず、ことごとく植物的になったのは当然でしょう。

縄文人が主食とした木の実に山菜、野草、これらはすべて自然が与えてくれる恩恵です。縄文人は毎年、季節々々の自然の恵みを享受し、つねに自然の流れ、自然の移ろいとともに生きました。自分たちは自然の子であることを自覚し、母なる自然の主導に従ったのです。そこには自然に対する深甚なる畏敬があり、信頼があり、また自然との一体感があったはずです。

縄文人にとっては、森も山も、また川も、大地も神聖な自然でした。それは神のまします聖地であり、これを破壊することは許されない。したがって、樹木を切り倒し、土を掘り起こして水田を築造するなどもってのほか。大陸や半島で農耕が起こり、稲作がはじまったことは知っていましたが、縄文人はあえてそれを受け入れなかった。一部にクリ林を造成したり、焼き畑を手がける集落はありました。ダイズ、アズキの栽培もはじめています。しかし、それらはごく限定的、抑制的でした。聖なる大自然を傷つけてはならないというのが縄文思想の根基であり、そのため渡来人がやってくるまでこの日本列島には本格的な農耕はなく、農耕については世界で最も遅れた後発地域となったのです。

縄文人はまた、この世に存在するすべてを自然物とみて、尊び重んじました。現代、巷間で「万物に神宿る」といいます。「山川草木悉皆成仏（さんせんそうもくしっかいじょうぶつ）」ともいいます。あらゆる人、あらゆる生き物、さらに無機物までも、すべてに神宿るという思想が縄文時代に静かに芽吹き、育っていったのです。

三内丸山遺跡には、クリの大木6本を柱にした建物が復元されています。この建物は何だったのか。襲ってくる敵を知るための見張櫓ではないか、津波などの災害に備える望楼ではないか、人に方角を示すランドマークではないか、さまざまな推測がなされました。本書は、この柱6本そのものが祭神であったろうと考えています。1500年にわたって養ってくれたクリの木たち。天寿をまっとうしたクリの老木。自然を崇敬する三内丸山人が「クリの宮」を築造したと考えることに無理はないはずです。

また縄文人は、神聖な自然を穢（けが）すことを恐れたと推理されます。三内丸山遺跡の北の谷や鳥浜貝塚の岬には厠（かわや）があった可能性が指摘され、そうした場所から寄生虫の卵の化石が出土しています。この広大な地球に、わずかな人類が生息していたあの新石器時代、世界のどの遺跡に排泄処理の場を特定したところがあったでしょうか。縄文人は自然なる聖地を毀損したり穢したりすると災害を招くと恐れ、汚穢(おわい)をつよく忌む心をもつようになったのです。これは、のちに生まれる神道の萌芽とみることができます。現在の日本が世界的に評価される「清潔大国」の、その起点ともいえるものが縄文時代にあったのです。

第3章　弥生以後も草食

〝脱ドングリ〟できなかった稲作弥生

弥生時代の代表的な遺跡、登呂遺跡（静岡市）を訪ねると、現在の農村とほぼ同じような水田風景が展開しています。しかし、その稲作の収量は、現代に比べるとかなり少ないものだったはずです。

このころ成人1人当たり1日の米の摂取量は約4合とみて、年間では1石4斗6升が必要になります。これだけのものを弥生の稲作が賄えたかというと疑問で、三渡俊一郎氏の試算によると弥生水田の収量は反当たり約8斗、60人規模の集落だった登呂遺跡では1人1日1・5合しか得られないことになります。したがって、このころは稲作だけに依存していては生きられない。縄文以来のドングリはもちろん、稗、粟、黍(きび)などの雑穀にも引きつづき頼らねばならなかったと考えられます。事実、登呂遺跡からはクリ、オニグルミ、イヌガヤ、シイ、マテバシイ、アラカシ、イチイガシなどの堅果類の遺存体が相当量出土しています。また稗、アズキ、モモ、マメ、ヒョウタン、マクワウリなどが出土しており、畑作物にも大きく依存していたことが判明しています。

登呂以外の弥生遺跡からも、ドングリ類の残存体が多数発掘されました。前期から中期の板付遺跡（福岡市）。ここでは植物の種子など44科70種が出土。このなかには稲以外に照葉樹性のドングリやヒョウタン、マクワウリ、モモ、スモモ、キイチゴ、アズキのほか、カヤ、イヌガヤなどがありました。

また瓜生堂遺跡（東大阪市）は前期から中期にかけての弥生遺跡で、１００基近い方形周溝墓をもつ大型遺跡として知られています。河内平野ができる以前、内湾を望む好立地にあって、集落は堀を巡らす環濠集落です。周辺は低湿地で、ここに水田を造成し稲作に取り組みましたが、やはり稲作だけに頼っては生き残れなかったらしく、背後の台地や丘陵でイチイガシ、アラカシなどの照葉樹系のドングリを採集しています。さらに落葉樹系のクルミ、トチも出土。これらは瓜生堂近辺では得られず、「おそらくかなり遠方の、しかも比較的高度の高い山地斜面まで出かけて」（松山利夫著『木の実』）収集し、運んでいたようです。しかも松山氏は「このクルミやトチ、それに（瓜生堂の）集落近辺で求められたであろうカシは、いずれも主食糧としたにちがいない」と記しています。

弥生時代は稲作が定着して米が主食になったと一般には考えられていますが、このころの稲作技術はまだまだ黎明期。低生産性に苦しみ、それを補完したのが縄文以来のドングリだったのです。

弥生ブタは海を渡ってきた

屈強な渡来人は、生きたブタを舟で日本列島へ運んできました。

もともと縄文人には動物を人間並みにみる思想があって、獣類を家畜化するという考えはもっていなかった。縄文時代、イノシシは多数いましたが、ブタはいなかったのです。

渡来人にとってブタは大事な家畜で、生命力が強く、「生きた食糧庫」などといわれます。古代、渡来人が生きたまま、どんな苦労をしてでも運ぶに値する家畜でした。稲作技術を運んだ渡来人の「稲舟」は、同時に「ブタ舟」でもあったということができます。

しかし、そのブタを、「日本の場合、古代にブタを野生に戻しているので、現在の野生イノシシに弥生ブタなどの遺伝子が混じっていることが明らかになっている」（小林達雄著『縄文学の世界』）といいます。遠路、わざわざ舟で運んできたブタやその子孫を解放して野生に還し、家畜化する前のイノシシに戻している。渡来人ではなく、思想の異なる先住の縄文系の人々の仕業でしょう。

これら放生（ほうじょう）行為は、日本列島では弥生時代に限らず、平安、鎌倉時代にもおこなわれました。また、養豚自体が奈良時代になると消滅しました。仏教の伝来、あるいは肉食禁止令によるものでしょう。

班田制の導入

古墳・飛鳥時代に入っても、依然として米の収量は少なく、縄文以来のドングリなど堅果類や麦、粟、稗、黍、さらにダイズ、アズキなど豆類などに依存する構造はつづきました。といっても、やはり米は味がいい。そのうえタンパク質が豊富で栄養的にもすぐれている。しかも新しい文化のイメージをもっています。最も魅力のある穀物ですから、人々は次第に米中心の体制へ傾斜していきます。

4世紀、仁徳天皇のころ、山城（京都）や河内（大阪）では大溝を掘って水を引き込み、新田開発に大きく貢献した旨の記述が『日本書紀』にあります。人々は新たな墾田（こんでん）に励み、平地のほか沢や川の周辺などを利用した湿田も出現。微高地では畑地の拡張に挑戦しました。

8世紀初めには、「大宝律令」が制定されたあと、民衆みなに田を班（わか）つ、いわゆる口分田（くぶんでん）によって稲作に取り組む班田（はんでん）法ができます。6歳以上の男子に稲田2段（約23アール）、女子にはその3分の2を終身貸し出し、そこから収穫されるものの3％を田租として納める制度が10世紀まで実施されました。その一方、桑や漆を各戸が栽培する園地も登場しています。

肉食禁止令

飛鳥時代にはもう貴族階級が生まれ、大陸の風に倣って狩猟を楽しむようになります。貴族たちは「薬猟」とか「薬食い」などと称して、犬や鷹を使った狩りに夢中になりました。「遊猟」ということばもあったようです。

6世紀の初め、大陸から仏教が伝来して殺生は禁じられましたが、その一方で孝徳天皇（在位645〜654）の代には搾乳の法も伝わり、乳戸を置いて牛乳や酪、蘇、醍醐といった乳製品がつくられます。乳製品は肉食ではないということだったのでしょう。ただし、それは貴族の間に限られた食で、一般の庶民には縁のない話でした。

675年（天武4年）、天武天皇が最初の肉食禁止令を発布します。

「今より以後、諸の漁猟者を制して、檻穽（おりおとしあな）を造り、機槍の等き類を施くこと莫（なか）れ。亦、四月の朔より以後、九月三十日より以前に比満沙伎理（ひみさぎり）（魚を捕る仕掛け）、梁（やな）を置くこと莫れ。且、牛、馬、犬、猪、鶏の宍（しし）（肉）を食らうこと莫れ。以外は禁の制に在らず。若し犯すこと有らば罪せむ」

これを第1号として1126年（大治元年）までの451年間に12回の禁止令が出されています。最初の天武天皇のあと、元正、聖武、孝謙、桓武、嵯峨、崇徳の6天皇がつづきました。聖武天皇と桓武天皇は、それぞれ1代で3回も発令。このなかには放生令も。放生とは、前記の通り生き物を野に返すことですから、内容は禁止令とほぼ同じです。

こうして肉食禁止令は何度も発令をかさね、明治5年（１８７２年）1月24日、明治天皇肉食の儀が報じられるまで、一度も解禁されていません。約１２００年の間、日本人は公式には肉を食べることのできない状態で過ごしたことになります。

ただ、第1回の天武天皇の発した詔には、牛馬犬猿鶏の5獣の殺生を禁じ、その禁止期間を4月1日から9月末までの半年としています。したがって10月から3月末までは捕食自由であり、しかも指示された5獣以外は殺生することができたのです。甘い禁止令といえばその通りで、天武天皇ご自身、禁止の詔を4月に出したあと、何度か狩りに出かけたといわれています。

平安・鎌倉・室町時代の食生活

４００年ほどつづいた平安時代は、貴族が前代からの多くの建前をかかえた形式重視の食であったのに対し、庶民は荘園を広げ、栽培の種類を増やし、実質的に食の向上を図りました。「延喜式」には、平安京の東西に市がたち、米、麦、塩、醤、トコロテン、山菜、野草、海藻、鮮魚、干し魚、菓子などが扱われ、いつも雑踏に包まれたとあります。地方にも大和のつばき市、辰市、飛鳥市、それに摂津の難波市、三河のおふさの市などが開かれ、それぞれ繁昌しました。こうした市では、ご法度の宍肉（ししにく）も非公式に売られたようです。行商人は京と地方の間を往来しました。

つづく鎌倉・室町時代は、源氏、北条氏の政権下で武士階級が中心となった時代。荘園から生まれた武士たちだけに農業には関心も深く、この時代には農業生産が大きく発展したものです。永禄年間に出た『清良記』は、この時代に稲のほか、穀類、野菜類の種類が目立って増えたことを伝えています。

武士たちには、士気を高めるため狩りが奨励されました。源頼朝の富士の裾野の大巻き狩りは有名ですが、その一方、鎌倉・鶴岡八幡では毎年、武士たちによる放生会（ほうじょうえ）が催されています。将軍が親しく臨席する本格的な行事で、捕獲した鳥や獣を檻から野に放つための集まりです。もっとも欠席する者も結構いたようで、「あれは宍喰で身が汚れて、これなかったのだ」といわれたり、サボった武士のほうからは、「参拝する将軍を穢してはならぬから」と弁解したといった話が伝わっています。

戦陣食

治承4年（1180年）、平清盛が戦に備えて諸国の荘園から兵糧米（ひょうりょうまい）を集めたのが戦陣食の嚆矢（こうし）といわれています。やがて蜂起した源氏との戦いに役立つことになったのですが、源氏も負けじと、これに倣って荘園から兵食を調達しています。

鎌倉・室町時代、戦いの場に携行する「腰兵糧（こしひょうりょう）」と呼ばれた戦陣食では、握り飯の「屯食（とんじき）」、蒸した米を天日で乾燥させた「干し飯（いい）」、脱穀前の籾米を炒った「焼き米」の、以上3種が基本でした。

承久の乱（1221年）では、屯食にも梅干しが入ります。また焼いて木の葉で包む「干し納豆」、塩味を強くして保存性を強めた豆腐、それに鰹節、煮干し、焼き味噌なども携行するようになっていきます。獣肉類は、まったくありません。「肉で、わが身を穢してどうなる。縁起でもない」というわけです。ただ、南蛮人は肉食するから大きな体をしているという知識は、16世紀後半には日本国内にひろがりはじめていました。そのため、表向きは依然肉食タブーでしたが、一部屯営の地に獣食が潜かに流行することもあったようです。

出陣前の宴、また戦いを終えたあとの祝勝の酒盛りで人気のあったのはクリとアワビ。「勝ち栗」「撃ちアワビ」などと呪術的というか、迷信的というか、語呂合わせによる験かつぎをし、「よろこぶ」にかけたコンブ、「勝つ魚」を連想するカツオとともに、とかく喜ばれました。

江戸時代の食

徳川幕府が成立する直前の1600年（慶長5年）、全国の人口は約1600万人でした。それが1721年（享保6年）になると約3100万人へ、120年間でほぼ倍増しています。しかし、その後の人口増加は低調で、幕末（1850～1860年代）は約3400万人。

慶長から享保までの新田開発はめざましく、元禄年間に刊行された『農業全書』（宮崎安貞著）によると、耕地面積は150万町歩から290万町歩へ、やはりほぼ2倍になっています。

　このころの農作物の種類は、舶来種も加えてさらに増加。技術もまた向上。たとえば肥料は草肥、穀肥、魚肥、灰肥、硫黄、油糟など、地質や作物に適合した施肥をするようになりました。また農具も熊手鍬や脱穀用に鉄製の「千歯」が登場。灌漑には水車や竜吐水も現れています。

　しかしながら、幕府の開祖徳川家康が贅沢な食を嫌ったお陰で、武士たち一般の主食は米７に麦３。副食は朝がみそ汁に漬物が定番で、昼は持参の弁当か、菜屋が配る一汁一菜。夜は、帰宅して豆腐、煮物、焼き魚で済ませます。独身の武士が多く、頻繁に利用する賄い屋は、「生鮑、きざみスルメ、焼き豆腐、慈姑、蓮根、牛蒡など醤油の煮しめたものを大きな丼鉢に盛り、店棚に並べて売った」（『守貞謾稿』）のです。

　町人も、明六つに起きると１日分のご飯を炊いてお櫃に移し、やはり朝はみそ汁に漬物だけ。長屋には朝早くからいろんなものを担いで棒振りがやってきます。たたき納豆と豆腐が人気で、前者は１人前が８文（約２００円）、後者は１丁が56文から60文（１４００～１６００円）。豆腐は現代のものよりはるかに大きく、これを半丁、４分の１丁に分けて買います。蛤、アサリ、アカガイなどはシジミ売りがもってきました。

　一方、農村は江戸の長屋の町人と比べても、さらにひどい粗食がふつうでした。享保年間（１７１６～１７３６）の田中丘隅が著した『民間省要』は次のように書いています。

「百姓は雑炊にしても米を喰ふ事あれども、山方、野方に生まれては正月三ケ日といえども米を口に入れる事なき所多し。粟、稗、麦など食に炊くとても、菜、蕪、干葉、芋の葉、豆ささげの葉、その外あらゆる木の葉を糧として、穀物の色は見えぬばかりにして、而かも朝夕飽く程の事なく、漸く日の中一度宛ならでは是を喰ふ事なく、餘は前に言ふ粥の類にて日を送る。朝夕の膳など座ると言ふ事もなく、少し物をたべれば蟹の泡の如くなり、茶をいくらも汲み飲んで足れりとす。斯く恐ろしき物を食として、而かも明け七ツより起て骨を折り、夜九ツまで働きて縄をなひ、草鞋を造る。其辛苦常ならずば、一日も其内に住む者あらんや。都に育ちては今様の咄しだに、一生耳に聞く事もなき人は誠とも思はじ。都人にかかる食物をあしらへば、鉄丸を食わすと言へ共、一口も喉には入らじ」

こんなぐあいですから江戸後期の１８４０年（天保11年）ごろでも、たとえば長州藩の１人１日あたりの摂取熱量は１８６１キロカロリー。その大部分、９割以上を米より麦、粟、稗などの穀類に依存し、動物性タンパク質に至っては数％にも満たない栄養構成でした。

第４章　明治維新は肉食維新

ついに肉食解禁

「我が朝にして中古以来肉食を禁じられしに、恐れ多くも、天皇謂れ無き儀に思召し、自今肉食遊ばさる旨、宮内にて御定めありたり」

明治天皇が内膳司に命じられて牛肉をご試食されたことを、当時の代表的なメディア「新聞雑誌」が明治５年（１８７２年）１月24日報じました。これが７世紀の天武天皇の肉食禁止令からじつに１１７０年ぶりの肉食解禁の布告となりました。

天武天皇以後も、何代もの天皇が繰り返し勅令を発布して肉食を禁止したのですから、国禁を解くにあたっては政府として正式な解禁宣言をおこなうべきでした。が、いろいろな思惑があって、新聞報道をつかっての解禁伝達になったのでしょう。

「明治維新は肉食維新」――この新聞報道が国内に与えた影響は小さなものではなかったようです。幕末からの根強い攘夷思想からすれば、「肉食は外から入る蕃夷の文化」であって、排除しなければならないものです。全国各地で多くの反応がみられました。その代表例が解禁発表の翌月18日、皇居大手門に白衣を着て長い杖を手に、念珠を襷にして押しかけてきた行者風の男10人でした。

「肉食流行をとめろ！」

と叫んで、太政官（首相に相当）宛の直訴状を門前の護衛官に突き出し、受け取りを拒否されると彼らは激高、抜刀して護衛官に翻意を迫りました。そこで警官が発砲、４人を射殺、１人重傷、残り５人を逮捕しました。

一方、東京、京都、大阪といった都会では、肉食推進派が、

「牛肉を食べざる者は文明人にあらず」

などといい、「ヨコメシ（洋食）を食う」ことを新しい時代の通行手形にしました。

維新直後、東京府下の屠牛数は1日平均1・5頭でしたが、天皇の肉食試食が報じられた明治5年末には1日20頭に急増。ちなみに当時、20頭の牛肉は5000人分と見積もられていました。

散々、苦労した屠場立地

このころ京都の人、中川嘉兵衛が活躍します。彼は、もともと儒学を学んだ当時の知識人です。宣教師でローマ字の創始者といわれるアメリカ人医師、ジェームス・ヘボンと知り合ったのを機に食生活の重要性に目覚め、40歳で一念発起。まず肉の腐敗防止に役立つ天然氷を地方から都会へ搬送する事業をはじめます。が、これは残念ながら失敗。そのあと東京・高輪で屠畜場を開設しましたが、これも地元住民の猛反対にあって牛数頭を処分しただけで閉場に追い込まれます。

しかし、それにもめげずこんどは牛肉販売店を立ち上げました。

「中川屋某　此人今般江戸高輪英吉利（イギリス）館波止場側に仮店を開き、肉類を虚弱及び病身の人、又は病後に之を食すれば気力を増し、身体を壮健にす……」

といった広告を万国新聞に掲載して、まだ肉食に腰がひける一般庶民に肉の薬用効果、つまり「薬食い」を訴えたのです。しかも牛の膝や肩、肋骨など部位を図示して、ここはステーキ用、そこはロース向き、あすこは塩漬けと、最適用途を説明する広告でした。それが当たったのか、嘉兵衛は開業の年の暮れにもう1軒、支店を神田柳原に出しています。

勢いに乗った嘉兵衛は、芝に牛鍋屋「中川」を開店。しかし、これはひどい不人気で、周辺の住民から「腐った肉の臭いがする」と騒がれ、店の前を通る人たちは鼻をつまんだり、口をふさいで走り抜けるといった始末でした。

苦戦のつづくなか、執念からついに氷を函館・五稜郭から京浜地方へ出荷することに成功します。アメリカから製氷技術者を招き、政界の有力者、榎本武揚や黒田清隆らの支援を仰いだのが功を奏したようです。6度の失敗のあと、7度目の挑戦でついに初志を貫徹。嘉兵衛は「ヨコメシ」の功労者になったのです。

明治2年（1869年）には、大蔵通商司が官営の牛馬会社を設立して、東京築地で屠牛と搾乳をはじめました。お役人の屠場なら大丈夫かと思ったら、これもダメ。すぐ行き詰まって民間に払い下げています。この年には今里や芝七曲、芝三田にも相次いで屠牛場開場をみましたが、いずれも地元民の苦情が多く廃場しています。

出島があり、中華街のあった長崎は、比較的肉食とのなじみがあったらしく、幕末の文久3年（1863年）に外国人経営の屠牛場ができたとき、とくに住民の反対はなかったようです。

一方、幕府は外国人の要請を受けて、慶応元年（1865年）、横浜に公設の屠場を設け、英米蘭仏とプロシャ（ドイツ）の人たちに貸与しています。

肉食禁止が１０００年以上もつづいた日本では、屠場建設は騒擾の連続でした。東京での屠場立地をめぐるゴタゴタは明治、大正とつづき、昭和11年芝浦に大型屠場が新設されてやっと落ち着くことができたのです。

明治庶民の食

農業の比重の大きい明治日本では、全国的にみるとまだまだ江戸時代と変わりのない食生活でした。明治7年の全国の米の生産量は２５９１万石。麦、雑穀、豆、芋（里芋、甘藷など）を加えた食料品の消費量は１人１日当たり平均４３１グラム。米が、そのうちの61％を占めています。（鬼頭宏『文明としての江戸システム』）

明治初期の全国の食品統計には、「肉類」という項目はハナからありません。政府も、国民が肉を食べるとは考えていなかったようです。

明治7～10年（１８７４～１８７７年）のわが国1人1日当たりの摂取カロリーは、全国平均で１７５８キロカロリー。嬰児、高齢者を含めた平均量ですが、これを20歳から29歳までの20代に限ると２３００キロカリー。それでも成人男子の最低必要量２４００キロカロリーには及びません。これは太平洋戦争直後の深刻な食糧難の１９５０年代と、ほぼ同じ数値です。

全国平均１７５８キロカロリーのうち、じつに94・5％を占める１６６２キロカロリーが、米のほか、麦、粟、稗などの穀類やイモ類、豆類。つまり植物系食材です。このころ内陸部に位置する岐阜県の住民の場合をみると、穀類が全食品に占める割合（重量で）が90％。淡水性の魚類や鳥獣類も食べていますが、動物性食材の比率は（重量で）ただの３％。東京、横浜、京都、大阪、神戸など都市部の一部でこそ、「肉食維新」によって食の欧米化がはじまったのですが、地方ではまだまだ縄文時代とあまり変わらぬ濃厚な草食列島であったというのが、いつわらざる実態でした。

第５章　現代の草食

低カロリー食

まず、ＦＡＯ（国連食料農業機関）が発表した２０１７年度の「１人１日当たり食料供給栄養量」をみることにしましょう。少々乱暴かもしれませんが、供給栄養量と栄養摂取量とは、ほぼ同じと理解することにします。それによると、２０１７年の日本人の１人１日当たり供給栄養量は「２６９７」キロカロリー。韓国は「３３６９」キロカロリー。日本の１人１日の供給栄養量は、韓国のそれより「６７２」キロカロリーも少ないのです。１年間にすれば24万５

000キロカロリー超えの差になります。

また中国の1人1日当たりの供給栄養量は「3194」キロカロリー。日本より「497」キロカロリーも多くなっています。1人当たりGNPが、まだ日本の半分以下の中国ですが、基本的にグルメの国民だからでしょう、日本人の供給栄養量より500キロカロリー近くも多くなっています。

中進国あるいは発展途上国といわれる国々をみると、タイが「2827」キロカロリー、マレーシアが「2909」キロカロリー、ベトナムが「2938」キロカロリー。いずれも日本人のそれを上回っています。またフィリピンの「2596」キロカロリー、パキスタン「2326」キロカロリー、バングラデシュ「2596」キロカロリー、カンボジア「2472」キロカロリー、スリランカ「2613」キロカロリー、北朝鮮「2032」キロカロリー……。

一方、ヨーロッパはどうでしょうか。これは軒並み3000台。例外はスロバキア「2766」キロカロリーの1国だけ。アメリカは「3766」キロカロリー。世界1の経済大国だけあって、供給栄養キロカロリーも世界首位を占めています。

さらに、過去にさかのぼって日本の供給栄養量をみておくことにします。

1992~1994年の1人1日の熱量供給量は平均「2890」キロカロリーでした。韓国は「3229」、中国は「2757」、タイが「2365」。他国の場合、1900年代前半に比べて2017年のそれは、いずれも増えています。が、日本だけ、反対に減少している。

「失われた20年」とか「失われた30年」といわれて経済の失速が影響したのでしょうか。日本社会の高齢化が影響した数字とみる人もいるでしょう。

先進国は、いずれもその経済力を反映したカロリーになっているのに、世界第3の「経済大国」日本だけが最貧国に近い「カロリー小国」に低迷している。しかも、21世紀になって、さらに下降している。異様というほかありません。

近年、「われわれ日本人は肉の食べ過ぎ、野菜の摂取が足りない」などの声がありますが、欧米に比べると日本人の食事は、総体として量が少ない。小食型なのです。しかも動物性食材を食べる人はしっかり食べますが、国民全体でみると、肉食傾向のつよい人は少数派。さらにカロリーの多い油を使った料理が欧米ほどではない。どうしても低カロリー食になってしまいます。やはり見逃してはならないのは、日本人の食性は古代から連綿としてつづいてきた草食の流れを、現代も踏襲する結果になっているということです。

1日6～7回食

縄文以来の伝統的な草食が現代にも顔をだすケースは、ほかにもみられます。その一つが日本人の食事回数。昭和の半ばごろまで農村では1日4食から5食がスタンダードで、農繁期などには7回も食べるところもありました。地方によって名称はそれぞれですが、早朝午前5時ごろの「茶がし」、午前10時前後の「こびる」、午後3時前後には「中食」、それに夜の「ながれ」などを、朝、昼、夕の3食とは別にとりました。昭和になっても麦、粟など雑穀が中心で、米は2～3割程度。戦時中のことですから、おそらく米の大部分は前線の軍へ供出したからでしょう。副食といえば、これはもうみそ汁と漬物が定番。疲れた体に鞭を入れ、時折打ったうどんが唯一のご馳走でした。肉など、どこを探してもかけらもない。魚介類も、時たまお目にかかる程度というのが当時の食事情だったのです。

このころの日本人の平均寿命は40歳代後半。50歳に達したのは太平洋戦争後のことです。最近でも、海外で働く日本人社員のデスクの上には、クッキーやら、飴やら、スナック菓子が置かれていることが多い。隣の白人の席には、そうした間食の材料は見当たらないのに……。多回食の一変形でしょう。

民俗学者・宮本常一氏が昭和55年（1980年）、「食の文化」と題した講演で、「日本人は時なしに物を食べる……」といった話をしています。

「日本人ほど、時なしに物を食べる民族はなかったのではないかと思います。定期的に3食を守って、それ以外には物を食べないという欧米流の生活ではなくて、やたらに食べ、そして日常の3回の食事のときにはあまりおかずは食べません。これが、現在、都会でいついっても喫茶店がにぎわっている文化を生み出したのではないでしょうか。それは新しい文化ではなくて、われわれが過去に持っていた食物に対する対応が、そのまま今日に受け継がれた姿です」

多様食

「多回食」というのは耳慣れない言葉ですが、「多様食」もまだ市中に流通していません。しかし日本列島では、古代から多くの種類の食材を摂取してきました。山野の葉菜、根菜、花菜、果菜に川や海のフナ、アユ、サケ、イワシ、サンマ、カツオ、サバ。田んぼのなかのドジョウから浜の海草、沖のクジラまで俎上に乗せました。

その習性が現代に引き継がれて、南極の昭和基地では約４００種の食材が使われています。これは他国の基地からすると羨望の的で、それだけ日本の探検隊員は、外国の隊員に比べて豊かな食生活に恵まれていることになります。

日本の大都市では、レストランから居酒屋、料亭と店の種類も数も、群を抜いて多い。パリの飲食店の数は約1万３０００、ニューヨークは約2万５０００、それに対して東京は約16万店。住民数はパリが約２３０万人、ニューヨークが約７５０万人、東京が約１０００万人。人口規模を考慮しても、東京の店数の多さは圧倒的です。だから海外のほとんどすべての料理を、東京や大阪で味わうことができます。メキシコ料理からペルー料理、シリア料理からイラク料理、タイ料理からインドネシア料理、フィンランド料理からスコットランド料理、もちろんアフリカの料理も……。

高塩食

塩分の多い食事は、草食につきものです。草食獣は岩塩のある場所にやってきて塩分を補給します。狩人はそれを知っていて〝塩場〟でじっと待っている。塩と草食は宿命的な関係にあります。

昭和30〜40年代、秋田県では県民1人1日平均30グラムもの塩分を摂取していました。そのころ海外に出た日本人は、塩分の少ない洋食で苦労したものです。帰国して羽田空港に着くと、なにはともあれ寿司店に飛び込む。久しぶりの日本料理を味わうためですが、同時に塩分を補給するためでもあったのです。その後、醤油の小ビンをもって太平洋を渡る時代がありました。現在のように欧米どこにいっても日本食レストランがあるという時代ではなかったからです。

厚生労働省は、国民の健康確保の見地から1人1日の食塩摂取基準を男性9グラム未満、女性7・5グラム未満（アメリカでは3〜4グラムが基準）としています。しかし同省の国民健康・栄養調査では、2008年度日本人の塩摂取は1人1日平均10・9グラム。これは10年前の12・7グラムから1・3グラム減でした。が、2014年の調査では12・9グラムへ逆戻り。どうしても10グラムの壁が破れません。まさに草食・日本人の宿命なのです。

テレビはいつも食べている

「鯨飲馬食」という言葉があります。草食の馬は睡眠時間の３倍の時間、草を食べているといいます。人は、いくら草食系だといっても、こんなマネはできません。しかし、その代わりになるような行為はさかんです。草食民族は食べることに非常に大きな関心をもっているのがそれです。

わが国のＴＶ局が流す番組には、「食」関連のものが圧倒的に多い。ＴＶの映像における食の氾濫は、ちょっと異様な感じさえします。いろんな料理の調理法を解説したり、やれスイーツだ、海鮮だ、ラーメンだと名店を紹介したり、早食い、大食い競争などまで放映する。またＮＨＫの「サラメシ」のように、職場を訪ねてサラリーマンや職人たちがどんな昼食をとっているか報じたりします。ドラマには茶の間のシーンがひっきりなしに出てくる。一家団欒とか、家族会議とか、親しい訪問客との座談とか、必ず食卓を囲んで何かをつまみながら口を動かしている。「俳優とは食べる商売か、胃袋がよほどつよくないと務まらないな」といわれたりします。バラエティ番組でも、出演者が食べるケースも少なくない。夕方のニュースの時間帯で、ちょっと油断すると、もう牛丼屋がどうの、串焼き屋がどうのという情報に移っている。さらにそのうえ、ＣＭにも食品関連のものがあふれて、どのチャンネルを回しても食べてばかり。

活字媒体もひけをとりません。新聞の夕刊には食関連の記事が並んでいます。地方の珍しい食材をみつけて報じる。エッセイやコラムは、よく食を題材にします。海外の駐在記者は、現地の食べ物について講釈する、といったぐあい。

これだけ食についての番組や記事があふれても、視聴者や読者からさほど批判がでないところが、いかにも日本らしい。視聴者、読者側も食への関心が強いのです。

第1回の国際数学オリンピックで金メダルを獲得、以後何十カ国かを放浪して日本に落ち着いたハンガリー人のピーター・フランクルさんはこういいます。

「20数年住んだヨーロッパでは、どの国でも料理番組をみたという記憶がない。ヨーロッパの母親が息子に電話してくると『どうしてる？　仲のいい友達、できた？』といいます。ところが日本のお母さんは息子に『栄養のあるもの、しっかり食べてる？』と尋ねるのがふつう。それだけ日本人は食べるということに関心が深いのです」

日本で超大のヒット曲というと、「およげ！　たいやきくん」や「だんご3兄弟」がすぐ思い浮かびます。これらはみな「食」がらみ。大正6年に大流行した「ワイフもらって、嬉しかったが／いつも出てくる副食物（おかず）がコロッケ、コロッケ／今日もコロッケ、明日もコロッケ……」という「コロッケの唄」も、もちろんこの範疇に入ります。ビッグ・タレントの芸名「キャンディーズ」とか「ザ・ピーナッツ」、さらに「コロッケ」も、その類いです。

第４部　草食が育てた日本の民族特性

自分たち日本人は、いったい何ものなのか。

そこを掘り下げてこそ、初めてことは始まるのです。

自盲症に陥ったままでは、真の生産的な仕事はできません。

第１章　民族性とは何か

４２５０の民族性

この地球上には、大小約４２５０の民族が展開しているとされています。

その４２５０の民族が、それぞれ異なる風土、自然条件のもとで、それぞれ異なる生業、それぞれ異なる言語をもち、さらに、それぞれの宗教、それぞれの周辺関係（侵略したり、されたり）のなかで歴史をかさね、それぞれの民族性を育ててきました。世界は、それぞれの民族がそれぞれの持ち味を持ち寄って成り立っていると考えることができます。

民族性について、広辞苑は次のように説明しています。

「個々の民族に特有とみられる性格。」つづいて、「断片的な性格をとり出して論じがちなため、民族文化の伝統に対する充分な理解を欠いた偏見となることも少なくない」とあります。

要するに、民族性を体系的に捉えることは容易ではないといっているわけです。現実に、民族性を真っ向から取り上げた論考が少ない上に、その全体を俯瞰したものとなると、さらに希少。断片的に捕捉して「日本人は礼儀正しい」「几帳面である」「勤勉だ」などという評価はありますが、客観的に全体像を描くものはまれ。しかも、日本人がなぜ礼儀正しくなったのか、なぜ几帳面で勤勉な民衆に育ったのか、それらの由来を説く根源論となると、ゼロに近い状態です。

民族性の木

本書は、唯食論を前提に、この日本列島の人々が縄文以来、特異な食性と生業を継続してきたことに注目し、そこに日本人の特性の根源があるとした草食民族論を構築しました。もろもろの特性の由来を明らかにして、体系的な把握を明示するものとして、日本の民族特性を1本の樹木に図示しました。これが左掲の「民族性の木」です。

木の根の部分に「草食文化」を置きました。縄文時代にはじまって、弥生、古墳時代を経て中世、近世、そして現代に至る1万3000年を貫く植物系の食文化が日本人の精神生活の基盤となってきたことを標示しました。そこから16項を数える日本民族の特性が育っているとするのがこの「木」です。16項のうち、「自然観」と「美意識」「清潔志向」の3項は民族特性の最も基幹部分に当たります。世界のなかでも異質な日本人の民族特性は、すべてこの3項に収斂することができるとさえ考えています。

草食文化を具体的によく顕現するのがこの3項です。これら3項は日本の民族特性の「基層」と称し、残る13項のうち「木」の左側の6項は「正の特性」、右側の7項は「負の特性」

日本の民族性の木
―〈草食文化〉の特性・16 項の位置関係をイメージ―

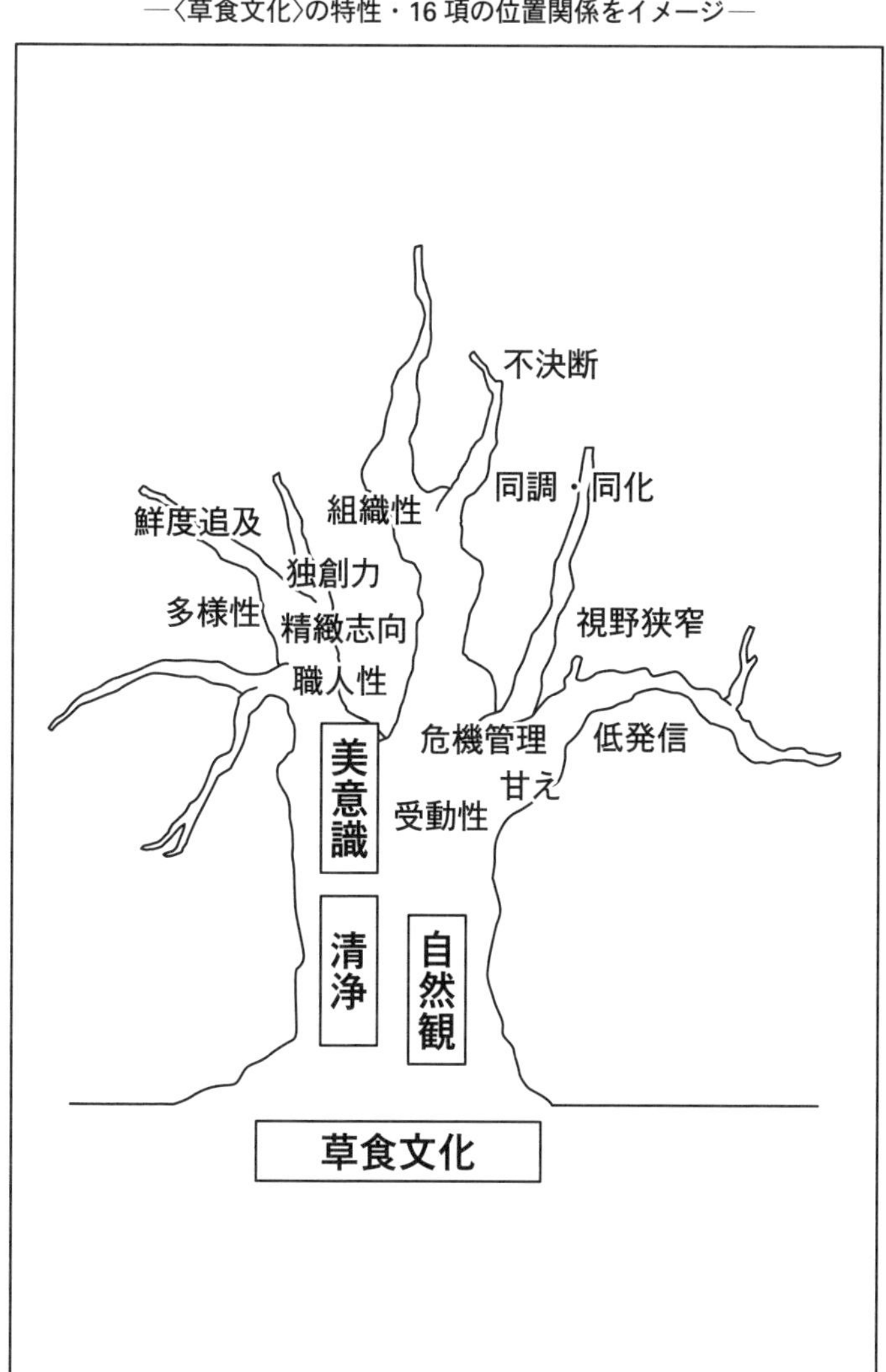

と呼ぶことにしました。また、前述のように訪日した外国人たちがよく口にする日本人評の「礼儀正しい」「几帳面だ」などは「表層」ないし「皮層」とし、16項の埒外としました。

欠点を安易に矯正すべきではない

「正の特性」は、いうまでもなく日本人の長所であり強みであり、「負の特性」はわれわれの短所であり弱点です。しかし、本書は「短所のない長所はない。また、長所のない短所はない」と考えています。「マイナスのないプラスはない。プラスのないマイナスはない」のです。

欠陥は本来、その裏に美点を隠しもっているものです。逆に美点は、その陰に欠陥を抱えています。たとえば「視野狭窄」。視野が狭く、大きな展望を苦手とする特性ですが、その裏には緻密でデリカシーがあり、ものごとの細部を几帳面に処理する「精緻志向」という特性が隠れています。したがって、視野が狭いという負のキャラクターがあるからといって、必ずしも悲観することはない。

見方を少し変えれば、裏にある正の特性の存在に気づくことができます。同様に「組織性」に富むという強みをもっているからといって、天狗になってはならない。チーム力の相乗効果に酔っていると、思わぬ落とし穴に陥ることがあります。「組織性」という特性の裏には「同調・同化」の傾向がひそんでいて、これが災いを呼ぶこともあるからです。

「正の特性」があるからといって驕ってはならないのと同様に、「負の特性」を悲観的に捉えて、むやみに矯正することは考えものです。「負」を削ると、裏の「正」も失うことになりかねません。あえて矯正しなければならないときは、可能な限り慎重を期して「その裏にひそむ正の特性」を気遣いながら矯正する。できたら「負」を受容し、その裏の「正」を伸ばして活用することを図る。それが賢明な民族性についての理解だと思います。

第２章　縄文以来の特異な自然観

日米の自然観

２００９年１月20日、バラク・オバマ氏が黒人初の米国大統領として就任演説をおこないました。当日、気温はマイナス５度。ワシントンＤ．Ｃ．のナショナル・モールを埋め尽くした聴衆は、じつに２５０万人とも２７０万人ともいわれ、まさに歴史的な大演説となりました。

その内容は、アメリカが直面するリーマンショックの後の深刻な危機を率直に認めた上で、これまで多くの無名の人々が、与えられるのではなく自分たちの手で勝ち取ってきたアメリカの偉大さを再確認し、「私たちは立ち上がって元気を取り戻し、体からほこりを払い落として、アメリカ再建という仕事に再び取りかからねばなりません」と訴えました。

その力説のなかで、オバマ大統領は次の言葉を発します。

「We will harness the sun and the winds and the soil to fuel our cars and run our factories.」

(私たちは太陽や風や大地の力をエネルギー源として利用することで、車を走らせ、工場を動かします)

ここにでてくる「harness」——邦訳すれば「利用する」とか「捉えて」とかにならざるをえないのでしょうが、もともとは「馬に馬具をつける」、転じて「河川や滝を管理する、統御する」といった言葉です。特別、オバマ大統領がおかしな使い方をしたのではなく、英語本来の一般的な表現ですが、これが日本人からするとひっかかる。違和感があるのです。

馬に鞭をあてて走らせるように太陽、風、大地を御するという響きは、日本人には受け容れがたい。縄文時代からずっと日本人にとっての自然は、人が統御するような位置にはありません。崇敬の対象であって、上からの目線で見くだすものではない。自然観という根源的な次元での日本と、米国、いや欧米に広がるキリスト教文化圏との大きな違いがここにひそんでいるとみることができます。

人間中心主義と自然教

よく西欧文化は「人間中心主義」と評されます。神のいちばん近くにいるのが人間、あとのすべてを神に代わって人が自由にしてもよろしいという認識です。

「聖書の言葉通りに言いますと『（人は）神の形にかたどってつくられたもの』で、あるいは神から『命の息を吹き入れられたもの』なのです」（講演「日本人の自然観」渡辺正雄）

人は神のそばにいて、人以外とは一線を画するもの。西洋の思想の根底にあるのがこれです。人と他の動植物とは断絶しているという思想。これは、自然と共生する、一体となって生きるという日本人の認識や感覚からは、きわめて遠い。はっきりいえば表と裏の差異、対極の違いといってもいいほどです。

世界遺産にも登録されている白神山地へ、日本の樹木医が来日したアメリカの森林学者一行を案内しました。

「日本にも、まだこれほど広大な樹海が手つかずで残っています」

樹木医は、誇らしく胸を張っていいました。ところが、アメリカの学者たちはだれ一人反応しない。白神を離れてしばらくして、一行のなかの古老格の一人がこう口にしました。

「森も山も、人が手を入れて管理するからこそ価値がある。管理しない森は、あの熱帯のジャングルと少しも変わらない」

仁科博士の危機感

「日本人でも科学ができるのでしょうか」

日本を代表する原子物理学者、仁科芳雄博士（１８９０～１９５１）が若いころ、日本人の資質を憂えてドイツの核科学者、ボーア博士に相談しました。あまりにも自然との距離感がない。自然のなかに入り浸り、自然と共生し、自然と一体化することによって自然に対する客観性をもてないでいる。日本人の自然観というものが、欧米のそれとは決定的に異なることに、若い仁科博士はつよい危機感を抱いていたのです。

「リンゴが落ちるのをみて西洋では引力を発見したが、日本人は詩を詠む」(「日本人の自然観」)。仁科博士は、これを憂えたのです。仁科博士の師、長岡半太郎も同様に、西欧の科学水準に日本が追いつけるかどうか、疑問視していたと伝えられています。長岡は「そのため物理学ではなく漢学を専攻しようと考えた」こともあったといいます。師弟2代、「果たして、日本人に科学は可能か」と問うたことになります。しかし、仁科博士らの心配は的外れな杞憂に過ぎなかったのではないでしょうか。それどころか、自然のなかに生きてこそ科学者としての直感力を養うことができると説く人も出現しています。

福井謙一氏が、その人。1981年ノーベル化学賞を受賞した、あの福井氏。自然からヒントを得た植物的独創力、自然的直感力があったといいました。また同じくノーベル賞受賞者の野依良治氏も、「自然との素直な対話によって養われる科学的直感」が「フロンティア軌道理論」の完成を生んだと述べています。京都大学霊長類研究所を設立した今西錦司氏は、「人間もまた自然」といい切っています。

「人間は、はじめから自然に対置されるようなものではなく、他のもろもろの生物と同じように、自然の体系の中に編入されていたにちがいない」といいました。

人間が動物や植物を保護し管理するといっても、アリがアリマキを飼い、キノコを栽培するあとを追っているだけのことではないか、とさえ述べています。

「あなたは、ごく自然体で語ってくれて、よかった」

などと欧米人にいえば、あまりよく思われません。なぜなら、「自然」という言葉は、欧米では負のイメージがつきまとうからです。「NATURE」という英語は、「NO-CULTURE, NO-CULTIVATEを縮めたもの」と説明した人がいますが、「NO-CULTURE」、即ち「野蛮」なのです。日本での「自然」は、つねに好ましい対象として受け取られます。「自然体」もそうです。「自然とともにある」「自然に生きる」「自然に返る」、あるいは「自然食品」「自然重視」などという表現には、少なくともマイナスのイメージは存在しません。

アザラシにも敬語

もう一度、今西錦司氏のコメントを振り返りましょう。

「欧米の学者は、人間を動物一般から切り離している。人間には意識、感情があるけど、動物にはない、と考えている。それはキリスト教が勝手にそういっているだけだ」

少々乱暴な発言ですが、実際に今西氏は終戦後すぐ、サルには感情がある、また社会生活ももっていると発表して、欧米の学界を震撼させました。このあと欧米でも霊長類研究が活発化することになるのですが、欧米の学者は、動物に番号を記した鑑識札をつけて観察します。日本の学者は動物の各個体を識別して名前で呼びます。研究の対象となるチンパンジーに札などつけるのは失礼、研究の邪魔だと思ってのことです。

1頭のヒゲアザラシが、京浜地区の海や川に出没したのは、たしか2002年のことでした。愛嬌のある表情の持ち主で、人なつこく、黒く、やわらかな姿態はたちまち天下の人気をさらって、〝タマちゃん〟なる愛称で呼ばれました。

「はじめ、大変失礼でしたけど、ゴミが水面に浮かんでいるのかと思いました。よくよくみるとタマちゃんでした」

多摩川につづいて横浜の帷子川(かたびらがわ)に現れたときの発見者の弁です。最高級の敬語が使われています。このあとタマちゃんは、横浜市西区役所に住民登録されました。「ニシ・タマオ」の名儀で。それを聞いた無登録の外国人たちが声をあげたものです。

「アザラシごときを人間扱いして、何年も日本に住み税金も納めているわれわれに住民票をくれないとはなにごとか!」

むかしから、捕鯨の町には鯨塚があります。和歌山の太地町には鯨神社があって、鯨の慰霊祭をおこないます。山口県長門市の向岸寺は成鯨の墓はもちろん、母鯨のおなかにいて捕鯨に遭った胎鯨の墓も、りっぱなものを建立しています。胎鯨たちが、ついぞみることのできなかった海を見渡せるようにと、それは寺のいちばん見晴らしのいい位置に建てられています。

この寺には、捕鯨死した1頭1頭の最期の様子やそれぞれの戒名などを記録した過去帳があり、現在も毎年欠かさず5日間もの慰霊法要をおこなっています。

以前、駐日フランス大使が「日本人は折れかかった松の木に添え木をしている」といって驚嘆しましたが、樹木医第1号で、青梅市の吉川英治記念館の病んだ椎の木を治療した山野忠彦氏は、「シッ！　この木の悪口をいっちゃいかん。全部聞いとるんだから。いいとこみつけて褒めてやってくれ。どうしても悪口いいたけりゃ、ずっと向こうの離れたとこでやってこい！」と付近の住民を叱ったものでした。

万物を擬人化する

日本人には「万物に神宿る」といった考え方があって、森羅万象、すべて平等に神が存在するとどこかで考えているのです。したがって動植物に限らず無機物を含めて、すべてを擬人化します。だから利根川は「坂東太郎」であり、筑後川は「筑紫次郎」、吉野川は「四国三郎」です。また日光街道の杉並木は「並木太郎」と呼ばれる。筆供養があり、針供養があります。ロボットも、まず人型にして世に出します。「アシモ」「アイボ」「キュリオ」はみな両足で歩き、走ることができます。自動販売機に「ありがとう」とお礼をいい、頭を下げる人も珍しくはないのです。

金型のベテラン職人は、「曲げられる鉄板の痛さが分かってこそ、初めて一人前」といって新人を教育します。ガンを病む人で、「ガン細胞は俺の友達なんだ。一緒に火葬される運命にある刎頸の友なんだ」といい、名刺に「ガン師」と刷っている。そこには「全国がん友好協会会員」の肩書もありました。

東京足立区の炎天寺は、全国の小中学生を対象に俳句の応募を呼びかけていますが、毎年10万句を大きく越える作品が寄せられます。炎天寺は、別名「一茶寺」。足立区が南足立郡六月村と呼ばれたむかし、小林一茶が「蝉鳴くや　六月村の　炎天寺」と詠んでいます。この近くに一茶も住んでいたようで、散歩を楽しみ、付近をさかんに歩いた形跡があるとのことです。昭和37年（１９６２年）、炎天寺は楠本憲吉、石田波郷を招き「一茶まつり」を開催。翌年から「一茶まつり全国小中学生俳句大会」と名づけて、全国から集めた子供たちの句を審査してきました。

「スイカわり　スイカがやめてと　泣いている」（小3、女子）
「おりがみさん　いまペンギンにしてあげる」（小2、男子）
「お星さま　いっしょにこたつに　入ろうか」（小2、男子）
「かまきりの　ちょうなんじなん　みつけたよ」（小1、男子）
「手の中に　ホタルのへやが　できました」（小2、男子）
「もも食べて　なってみたいな　ももたろう」（小2、男子）
「ながれぼし　だれかがひろって　いるのかな」（小1、男子）

「せん風機　しまっていいよと　風が言う」（小5、女子）

遺伝子に刷り込まれて、幼少期から敬愛する自然をごく身近にして成長しているのです。また星とも風とも花とも、またスイカやモモやカマキリ、アリとも一線を画することのない感性のなかで生きている。これが、まさに日本人なのです。

第３章　体質化している清潔感

清潔な日本へいきたい

コロナ・ウイルスの感染拡大がいよいよ世界のだれの目にもはっきりした２０２０年6月、日本交通公社が「コロナが収束したら、どの国を訪問したいか」という世論調査を実施しました。調査の対象地域は、欧米や豪州、アジアの12カ国。結果は、2位の韓国を大きく引き離して、日本が突出の1位。理由として「食事がおいしいから」とともに「清潔な国だから」の回答が上位を占めました。とくに欧米と豪州で日本の「清潔さ」についての評価が高く、目を引きました。コロナの蔓延に苦しんでいたさなかのことで、みな清潔にはことのほか敏感になっていて、その時点で日本のコロナ感染者数が比較的少なかったことが影響したのでしょう。ただそれ以前に、日本はもともと「清潔な国」のイメージが世界の人々の間に広がっていたことも無視できません。

振り返ってみると、「清潔な国・日本」は1998年のサッカー・W杯フランス大会で一躍、世界中に認知されることになったのです。W杯初の出場となった日本代表チームは、このフランス大会で善戦したものの、シュート率は最低で、試合後、地元スポーツ専門紙から「サッカーの劣等生」と酷評されました。ところが、同じフランスの一般紙は、「日本人のすごいのは、応援やはしゃぎぶりだけではない。お行儀のよさは超一流」という絶賛調。

なぜ、こんな対照的な記事が掲載されることになったのか。

じつは、日本のサポーターたちが試合後、トゥールーズ競技場3万6千人を収容するスタンドで清掃をはじめたからです。日本人サポーターたちは、あらかじめゴミ袋を用意して入場しており、試合がすむといっせいにスタンドに散乱している空き缶や紙くずを拾い出した。しかも日本代表チームの選手たちの控室やそれぞれのロッカーも、

「試合後に入ってみたら、なにもかもきれいにして、紙くず、絆創膏一つ落ちていなかった。ハンガーもきちんと片付けていて驚いた」

「携帯用灰皿まで持参していた日本人がいた」

いまから四半世紀前のこと。タバコを吸えば吸いっぱなし。あたりかまわずポイ捨てがふつ

うの時代。灰皿持参など考えられなかったころだけに、フランス側の反応も並みのものではなかったのです。サッカー史上、かってない〝歴史的事件〟といって感嘆したのでした。日本人たちがサッカー競技場の清掃作業をしたというニュースは、世界中を駆け巡りました。グローバリゼーション進展がはじまったころで、「クリーン・ジャパン」のイメージが世界に広がり、それは、やがてくる「クール・ジャパン」の前触れでもあったのです。

中世、すでに卓越していた日本人の清潔

日本人の清潔ぶりが世界に認知されるようになったのは、サッカーW杯フランス大会が契機になったのですが、来日した外国人は早くから日本人のクリーンぶりを知っていました。ただ以前は、それが一部の知日派の間の、ごく限られた情報にとどまっていました。

大航海時代の16世紀半ば、日本にやってきた宣教師や船員たちが、まず目したのが日本人の食事風景。異国の文化を理解する手段として食は手っ取りばやい。食文化は、その国の文化の本質につながっています。で、日本では肉より草を大事にして食べていることに驚嘆するのですが、その一方で「食の清潔さ」にも瞠目します。

なにしろ、そのころのヨーロッパの食卓風景ときたら、不潔そのもの。宮廷のなかでさえ、大きなテーブルの表面を削って窪みをつくり、そこに料理を入れてみなが手づかみで食べていました。穢れ、汚れを嫌っていては成り立たない牧畜を生業とするヨーロッパからみれば、日

本の銘々膳はみごとに清らかで端然としたものだったのです。

「日本人の食膳は常に清潔にして、且つ美を尽くせり。（中略）食卓は甚だ美にして、松杉の板を以てし、描きたるもの、漆したるもの、金銀をちりばめたる蒔絵のもの……」

（ジャン・クラッセ『日本西教史』）

ラザフォード・オールコックは初代の駐日英国公使。帰国後の１８６３年（文久３年）に書いた『大君の都』にこうあります。

「すべて清潔ということにかけては、日本人は他の東洋民族より大いにまさっており、とくに中国人にはまさっている。」

明治8年初来日以来、数度この国を訪れたフランスの作家、ピエール・ロティはこう記しています。

「日本人が考えるほんとうの贅沢とは、ほとんど潔癖といっていいほど徹底した清潔にある。白い畳に白木の家具。一見、極度に単純に見えながら、あらゆる細部の隅々にいたるまで、信じがたいほどに神経が行き届いているのだ。」

ドイツの建築家、ブルーノ・タウトも、日本の清潔さに驚嘆した一人です。

「なかんずく、清潔であること。これはヨーロッパ人のうける東洋の印象というものとはおよそ違った、まったく新しいものである。」

明治31年に来日したゴードン・スミスは、大英博物館の学芸員です。彼は、まず長崎に上陸し、民家を訪ねます。

「上陸して驚いた、さすがはナガサキだ。ジャパニーズハウスがノルウェイやカナダのものとなんと似ている事か。だが内部がまるで違う。なんと清潔なんだ！　まったくほんとうに奇跡の清潔さだ。」（『ニッポン仰天日記』）

「まったくほんとうに奇跡の清潔さ」とは、最大級、いや超弩級の賛辞というべきでしょう。

成功した清潔輸出

「いつも心に箒とちり取りを」――。

戦後、大阪の天神町商店会を訪ねる「むかしの丁稚奉公の体験」ツアーが企画されました。そのツアー客に配布された「商人心得」の第1条がこれです。商人たるには、まず身の回りを整理、整頓、清潔、清掃することが大事と、若い奉公人はたたき込まれたのです。

そういえば１９７０年代の初め、イタリアの製鉄会社が経営に行き詰まり、その立て直しを日本に依頼してきたことがありました。これにすぐ呼応して現場を視察した日本の再建役は開口一番、「とにかく、工場の清掃から始めましょう」といったものです。ことはまず、何を差し置いても掃除から、整理、整頓、清潔からと宣言したのです。

たしかにわが国の企業では、通常、品質管理の最初のステップが清掃です。そのため海外に進出した日本企業は、必ずといっていいほど「５Ｓ運動」なるものを推進します。整理、整頓、清掃、清潔、躾(しつけ)の頭文字の「S」をとったものですが、最近はこれに「作法」を加えて「6S」とする企業も登場しています。

自転車の駆動部品、ブレーキ部品の世界的メーカー、S社。堺に本社工場を置き、シンガポール、マレーシア、中国、イタリア、チェコにも海外工場をもっていて、トップが海外の工場にいくと、「おーい、きてみろ」といって工場の幹部を呼びつけ、みずから工場の床の上に寝転がり、油やごみで汚れたワイシャツを社員にみせる。

「工場が清潔であれば、客がきても好印象をもたれる。品質管理でミスがあれば、信頼は損なわれる。不適合品を市場に出さないためには後工程に絶対わるいものを出さない精度の高い生産工程にしなくてはならない。小さくても一つのミスが隠れた不適合品生産工場をつくるのだ」

このように「清潔ファースト」を力説するのです。

「掃除に学ぶ会」と「便教会」

中堅会社の経営者たちの有志が集まり、「掃除に学ぶ会」をつくりました。日本に本部を、中国、ブラジル、アメリカに支部を置いて公衆トイレの徹底的な美化運動に取り組みました。

反日教育がさかんな中国で、この運動に参加した現地の若者が、「嫌いだった日本だが、きょうから考えを変える」と話したといいます。「清浄感覚」の輸出は、りっぱに成功しているのです。

広島のある県立高校では、授業ができないほど全校が荒廃していました。なんとか立て直せないものか。県教育委員会が同校に送り込んだ女性校長は、みずから体をはって授業のこわし屋の生徒らを中心にトイレ掃除をさせました。そこまでもっていったのがこの校長のすごいところですが、１年後にはみごと学校は正常化。これを先鞭として愛知、長野、京都にもトイレ掃除で学校立て直しを図る教師が続出し、「便教会」という名の研究会が発足したと新聞は伝えています。国内でも掃除は、なかなか生産的な結果をだしているのです。

日本人の清潔はどこからきたのか

日本人が清潔好きな理由については、百家争鳴、むかしからいろいろいわれてきました。「日本人は、もともと民度の高い民族」「神道が穢れを忌む宗教だから」などといいますが、たしかな定説はありません。しかし、湿度の高い風土が日本人の清潔感を生む温床になったことは確実でしょう。それに加えて、自然を穢してはならないといった信仰のようなものが、縄文時代すでに広がっていた可能性があります。縄文人の生き方のなかに、自然を穢せば災厄を招くのだという汚穢に対する強い拒否感が土台となって育った清浄感覚が、さらに無垢、淡泊、玲瓏（れいろう）、澄明といった美的感性へ深化、発展していったものでしょう。したがって日本人の清潔志向は、縄文人由来の、きわめて長い風雪のなかで培われて、いまでは日本人の体質化された性向になっていると理解すべきものです。

キリスト教徒なら胸で十字を切るところを、日本人は身を清める。潔斎する。根源的な感性として存在する清潔、清浄。日本人の血液のなかには赤血球と白血球のほかに、もうひとつ〝清血球〟があるのではないかと思います。

第4章　美意識こそ、日本の精髄

尚美の国

どんな民族でも、内に美意識をもっています。世界に美意識を欠く民族など、存在しないでしょう。その内容には違いがありますが、それぞれ美意識をもって民族は生きている。美は、民族における理想、最高の価値観といっていいのではないでしょうか。アメリカ人の美は「パワフル」、力が美なのです。韓国人のそれは「さわやかさ」。「朝鮮」の名が示すように、鮮やさからくるものをよしとします。中国人は「富」「リッチ」が理想であり、美なのです。漢字の「美」は羊の下に大を書き、「麗」の字は大きな角をもった鹿と書きます。「大きな富」「富裕」をこよなく愛するのが中国人です。

翻って日本人の場合はどうか。日本人の美意識は純度が高く、権力や富より、純粋な美に最高の優先順位をおきます。「耽美派」ともいうべき人々。生きていくすべての営為の基底に、ほとんど例外なく美意識がひそんでいるといっていいでしょう。日本人の社会には広く、そして深く、美意識が根をおろしています。

かつて、われわれは自国を「尚武の国」と称したものですが、その実質は「尚美の国」と理解するのが妥当だと本書は考えています。武士は不名誉が身におよぶとき、ためらうことなく死を選びました。江戸時代の武士の修養書『葉隠』の「武士道とは、死ぬことと見つけたり」も、生への執着を超越して微塵も私利私欲のない、潔い境地に達すべしという哲学です。つまり最高の価値である美に殉じてこそ、真に生きることだといっているのです。したがって、かつての「尚武」は、じつは「尚美」だったのです。美意識は、日本人の精神生活を貫く精髄であり、日本人の最大の特質といっていいでしょう。

外国人も認めていた日本人の美意識

「日本文明を支配している根底的特質を、十分な力量をもって明るみに出しえた人がいるとは私には思えない。日本では、人間と自然との関係も、対人関係も、現世の人間と来世の神話との関係といった問題も、美的感覚の境界の中に吸収されてしまうのである」

ドミニコ会の神父、Ｍ・Ｈ・ルロンが、著書『日本の精神』に記した一節です。これを紹介したのはスペインの哲学者、ディエス・デル・コラールでした。コラールは１９６１年、３週間ばかり日本に滞在して日本文化のコアを発見しようとしました。彼は著書『アジアの旅』のなかで、次のように書いています。

「日本の文化はわれわれの前に、一つの卓越した感覚的文化として現れる。それは手の届きうる日常茶番の簡潔な諸形式のなかで表現されている程には、秩序や様式の範疇のなかに表現されることのない一種の美的感覚であって、ただに厖大な記念建造物や寺院や宮殿に止まらず、最もありふれた什器や実用本位の道具に至るまで、材料も形式も機能も渾然一体化されて全生活のなかに浸透しているものなのである。それは単に事物に限らず、実に人々の行動、挙措振る舞いにまで行き渡っているのである」

哲学者らしい難解な表現を使っていますが、要するに、大は建造物から、小は日常茶飯の道具に至るまで、材料、形式、機能すべてに美的感覚が一体となって盛り込まれ、その美的感性が人々の挙措動作までにおよんでいると述べているのです。ノーベル文学賞を受賞した英国人ラドヤード・キプリングは1889年、長崎に上陸して、古物屋のきれいなのに驚くのを通り越して怒り出しました。

「全体、店をこんなに清潔にしておくべきではないのだ。不自然じゃないか。しかもそれを商品の値段のなかにふくめて請求するなんて、不合理だ」

怒ったあと、日本の静謐(せいひつ)で雅致に富む長崎の街に魅了され、

「私は、生まれて初めて自分がサービブ（ヨーロッパ人）ではなく、ただの野蛮人に過ぎないという気分を味わった」

と来日記に書いています。また京都の職人の世界を覗いて最高の賛辞を贈りました。

「日本人は本当にすごい。石工は石と、大工は木と、鍛冶屋は鉄と戯れ、芸術家は生と死、そして眼に入る限りのあらゆるものと戯れる。そこに最後の一刷けにあたる、性格の勁さを持って居さえすれば、全世界を手玉にとって戯れることさえしかねない国民だ」

「全世界を手玉にとったのはわれわれ欧州人だが、その結果として花の形をしたランプシェード、ピンク色の羊毛のマット、赤と緑の陶器の犬、そして毒毒しい色のベルギー絨毯が登場したというわけである。貧弱このうえない代償ではないか」

芸術至上主義者のキプリングは、さらにこうも言いました。

「人類の平均値より高い精神を与えられている（日本の）国民が憲法を制定すれば（キプリングがきた明治22年、明治憲法発布）、最悪の事態を招くだろう。それは芸術性とまっこうから対立するものなのだ」

アーティスト症候群

21世紀に入ったころから、日本国内では「日本美」を強調する風潮が顕在化しました。新聞の紙面にも「アート」の活字が頻発し、発刊される図書にも芸術関連のものが増加。大学に美術系、芸術系の学部、学科が次から次へ新増設されました。

一方、外国からは「クール・ジャパン」という、賛辞なのか外交辞令なのか、まだよく分からないフレーズが飛び交うようになっています。このことは、一つには21世紀が「量の時代」から「質の時代」ないし「感性の世紀」へ転換しつつあることと深く関連していると思います。しかし日本人の場合、昨日今日、突如として美意識に目覚め、「日本美」を力説しているのではありません。古来、まさに昔からのミーム（文化的な遺伝子）を継承しているのであって、これまでは西欧化することに懸命でゆとりを欠き、そのため自分の足元の「美しい国」を顧みる余裕を失っていたのです。

近ごろ、自分の名前の右肩に「アーティスト」と刷った名刺を持ち歩く人が目立つといいます。もちろん「芸術家」という訳になるのでしょうが、「アーティスト」だけでは洋画家か日本画家か、あるいは彫刻家か陶芸家か、名刺を受け取った人には見当がつきません。ただし、絵画、彫刻、陶芸など、既成のジャンルを越えて新しい芸術世界が創り出されてもいますから、こうした名刺がますます増えていくことになるのでしょう。

「繁華街を歩くと、いろいろチラシを持たされる」と東京芸大出身の彫刻家、大野左紀子さんは著書『アーティスト症候群』のなかで噛み付いています。「若きアーティストたちのエネルギッシュなライブステージをお楽しみ頂けます。もちろんすべてのパフォーマンスは無料」「カフェのテーブルやイス、照明器具は若きクリエーターたちによるデザイン。アートな雰囲気に包まれてコーヒーブレイクはいかがですか」チラシの内容はこんな風なものです。正統派の絵画、彫刻など、いわゆるファインアートこそが芸術。その目でみると、最近の世相に出没する「アート」「アーティスト」なるものは、あまりにも軽い。ただ、かっこいいから「アーティスト」と呼ばれたいだけの輩が氾濫し過ぎると、大野さんはいうのです。そうはいっても、もともと日本にはむかしから根強いアート志向が広範に存在していました。それが証拠に、〝芸芸シンドローム〟というものがあります。「文芸」「武芸」「工芸」「農芸」「園芸」「演芸」「手芸」ときて、「民芸」「話芸」「遊芸」「職人芸」「大道芸」「御家芸」もあります。また「水芸」「足芸」「腹芸」「裏芸」「隠し芸」「曲芸」「旅芸」などもりっぱに市民権を得た言葉です。それほど日本人は芸術ないしは芸事に執着しているのです。

俳句人口と絵画人口

「短歌や俳句をたしなんでいる日本人は数百万を超えると言われている。このような民族は日本民族の外にはなく、日本人が１億総芸術家と言われるゆえんである」

谷川健一著『うたと日本人』の序文の書き出しです。

この国の俳句人口は何万人に達するのでしょうか。正確な実数はなかなか把握しきれないものの、以前から約１０００万人というのが定説になっています。定例の句会に出席して必ず句作をものするプロフェッショナルの俳句作家は、推定約１００万人。それに気が向いたとき、新聞や雑誌その他の俳壇に投稿する、いうなれば俳句愛好家が約６００万人。ほかにテレビ、ラジオやカルチャーセンター、通信講座、職場や地域の句会で発表する人もいます。また最近はネット俳句も登場。正岡子規を生んだ愛媛県松山市には「俳句ポスト」が街角に立っていて、市民が自由に投稿しています。2005年のことですが、ある製茶会社が「お～いお茶　新俳句大賞」を一般に募ったところ、いちどに152万句の応募があったとか。こうした「俳人」のほかに、短歌をたしなむ「歌人」が相当数にのぼることは周知のこと。ただ、俳人と歌人の交流はほとんどなく、さらに詩作にふける人たちもそれぞれ独自の世界をつくって、わが道をひたすらゆくという感じになっています。

他方、アマチュア画家、俗に日曜画家ともいわれますが、これまた無数にいて、どの地方にいっても、アマチュア画家の団体、グループが多数活動しています。日本では、だれでも絵を描く。数年前の絵手紙ブームが、それを証明しています。はがきに身辺雑記風の絵をさらさらと流し描きして色をつけ、数行の雑感を添え書きする。初めて絵手紙を描いたという人が、結構、味わいのあるものを送ってきます。2000年、90歳で亡くなった洋画家の伊藤清永氏は、生前こんなコメントを残しました。

「世界の他の国々の絵画人口を合計したものより、日本の絵画人口は上回ると思う」

ま、感触で話したことで、確たる統計があってのことではないでしょうが、全国を歩いてみて、美術関係団体の多さには圧倒されます。たとえば人口10万程度の市でも、油彩、水彩、デッサンなどのグループがあり、それらが世代別に、あるいは男女別に、職場別に、職能別に、つまりサラリーマンの集まりとか、自営業者のそれとかが絵画を趣味として団体をつくっている。しかもそれを束ねる美術連合会とか芸術協会などがあって、写真家集団、彫刻家や陶芸家、書道愛好者その他もろもろのグループが加盟しています。

保育園、幼稚園にも必ず「おえかき」の時間があり、小中学校には図工の授業、高校の美術クラブなど、ごくありふれた話です。また、住宅街に入ると「お絵かき教室」の看板を出しているしもたやに出会うこともあり、展示専門の美術室を提供している家庭もあります。東京・銀座には約４００の画廊があり、東京都内全体では千数百軒にのぼるといいます。伊藤清永氏はこうもいいました。

「『優れた美術品は民族の宝』という考え方は、日本にはないのではないか」

あまりにも芸術が日常化しているため、芸術の価値がみえなくなっているといった点を、巨匠は指摘しました。

第５章　卓越した組織性

「和」に酔う

イギリスをバスツアーで見て回る日本人女性十数人がいました。スコットランドのインヴァネスをスタートしてロンドンを終着点とするツアー。この一行のバスに、地元の出版社から日本人旅行者の生態をレポートしてほしいと依頼を受けたイギリス人作家が乗り込んできました。彼は長期の滞日経験があり、日本語は堪能なのです。

早速、作家は取材をはじめます。

「遠い日本からきて、皆さんのイギリスについての印象はどんなものですか？」

「とても感じのいい国ですね」

「大人の国。そういう印象です」

「温厚で、ルールをしっかりまもっていますね」

彼女たちのなかに英語の話せる者は一人もいません。それでも英国を感じ取る鋭さをもっています。

ツアーは3日におよびました。バスという小さな空間でともに過ごす時間が長くなると、そこに「小さな日本」ができていることに作家は気づきます。内部が清潔で、気が利いていて、みんなが穏やかな旅を楽しんでいる。少しの諍いも、論争らしい論争もありません。それどころか、藹々（あいあい）とした和気（わき）と落ち着いた空気がバスの内部全体にゆきわたります。それに窓外の美しいイングランドの風景が加わりました。いつのまにか作家は、この「小さな日本」の雰囲気に酔っていました。

ロンドンの終点で、彼女たちと別れ、いつもの日常に帰った彼ですが、その酔いのためでしょう、「突然釈放されて娑婆にでてきた囚人よろしく、わたしは浮き立つような興奮と恐怖をこもごも感じていた」と、このときの体験を書いています。藹々たる和気が充満する「小さな日本」から出て一人になってみると、住み慣れたロンドンの街が恐ろしい。そこはつねに対立し、競い合い、ときには闘い合う厳しい世界だからです。

ピーターの集団体験

ハンガリー生まれのピーター・フランクル氏は、第1回国際数学オリンピックで優勝のあと、フランスに亡命しています。冷戦下の祖国から自由を求めたもので、その後イギリスに渡り、アメリカ生活も経験しました。さらに、そのあと3桁近い数の国を放浪して日本にたどり着きましたが、ここがすっかり気に入って落ち着いてしまった。もう他国には出ようとは思わない。母国ハンガリーにすら、たまには帰郷しても、永住などは考えない。

ピーターにとって、いったい日本の魅力とはなにか。

「欧米では週に1回は必ず誰かと喧嘩してきた僕が、日本では喧嘩するチャンスがなくて、平穏な暮らしのよさが分かってしまった。日本人は、できるだけ対立を避けようとする」

と、まず人間関係の基本が、欧米とはほとんど対照的な点を強調します。そのうえで、

「僕にとって日本の最大の魅力は、日本人との仕事である。日本人は働き者であるだけではない。一つのグループに一つの仕事が与えられると、メンバーの中に、皆でこのプロジェクトを

成功させなければならないという不思議なほど強い一体感が生まれる。どこからどこまでが僕の仕事なのかは、大切でなくなる。調子が悪いときは誰かが手伝ってくれるし、調子のよいときには他の人の分までやってあげる。人とのチームワークが楽しいので、日本では数学以外にもいろいろ仕事ができた。これからも日本人との素晴らしいチームワークを続けて、日本で骨を埋めたい」

質のいい組織では、その構成員の1プラス1は、決して2ではない。3であり、ときには4にも5にもなる。シナジー効果というものです。お互い異質、全体としては多様な構成員がベター。チーム・ソリューション、つまり、良質の「和」は、たんなる足し算の組織ではなく、掛け算、「積」の組織となり、さらには「乗」の組織に昇華して、思いもよらぬ力を発揮するものです。

花も群れてこそ美しい

中国河北省から二十数年前来日して留学生活を送り、後に法政大学の教壇にたった王敏さんは自著『日中比較・生活文化考』のなかで次のように書いています。

「好きな花を巡って、日中の違いを意識します。私の『どんな花が好きですか』という問いかけに、日本の人からは『コスモス』『ノギク』『ハギ』『フジ』といった答えがほんとうに多い。楚々として自然に溶け込んで咲く花ばかりという印象です。花としての大きさも色合いも目立つものではありません。今の若い人たちも山野草のファンが多い。日本人は昔から、一つずつではおとなしい花に魅力を感じてきたようです。『源氏物語』の『藤壷』は美人の代表として描かれています。マメ科のハギも古代から日本人に好まれてきました。楚々として咲く花が一堂に一斉に咲くとき、美を演出します。フジもハギも連なって咲くことでようやく美をつくり出します。サクラがその典型でしょう。まとまって咲くことは競いあうときの群れの美です。私は日本人の心を見ているように思います。日本人の好きな花に群れの美を想像するとき、日本人の集団の力を連想してしまいます」

非常にすぐれた指摘が、ここにはあります。王敏さんは、さらに中国人像を「花」によって浮き彫りにしました。

「（中国人の好きな）玉蘭（ハクモクレン）は一輪でも目立ちすぎる花です。中国の国花の一つ、ボタンも同じです。中国人は集まりの席で発言しないでいることは少ない。公式の席であれば、いっそう発言しようと意気込みます。自己表現が習性になっています。自己顕示欲が強いのが中国人なのかもしれません。ボタンのような、玉蘭のようなところがあると思われませんか。玉蘭は好きな花ですが、在日が長くなるにつれ、私は、山野草の様に、周囲に気遣い、思いやりを忘れない日本人の心に引かれます。相手を圧倒していく傲慢な心ではなく、平和共存の心が大事と思うようになりました」

チーム賛歌を歌う

花見に、びっくりするような大勢の人出がある。人影のない、寂寥然としたところには意気高揚がない。だから人が人を呼んでグループでいく。いくと、そこに無数のグループがきている。群れの相乗効果で、花を楽しむ。花と人の群れとが一体となってこそ、花見です。各地で催されるお祭り、花火見物、そして初詣で——すべて群れあってこそといっていいでしょう。

これはという味自慢の店の前に長い行列ができたり、あるいはＳＬ列車の撮影にカメラの放列ができたりするのも、群れ志向が働いての結果といえるでしょう。また大都市への人口集中も、群れ志向が影響している可能性を否定できません。

もう20年以上も前のことですが、福井県の海岸に大量の重油が漂着して大騒ぎになりました。沖でロシア船籍のタンカー、ナホトカ号の船体が真っ二つに割れて沈没、重油流出となったのです。このとき海岸の油を除去するため、全国から驚くなかれ、30万人が自主参加しました。彼らは手作業で油をすくい上げ、不眠不休で働きました。べっとりと汚れた岸の石の一つひとつを拾い、裏返し、布でふきとっていったのです。サーフィンの若者は、海底の油まで回収しました。そのせいで、過労による死者すら数人も出ました。

「みなが集まって、浜の清掃、はじめたらしいぞ。オレたちもひと肌脱ごう」

そこに群れがある。大義もある。いこう！　となるのです。

チームワークのよさは本能

日本人と中国人が１vs１の場合、どうしても声の大きい、押しのつよい中国人が日本人を圧倒します。議論をしても、ディベート慣れしている彼らは、よくいえば自由奔放、有り体にいえば強引な話し方で日本人を撹乱することが多い。１vs１では、どうしても日本人は劣勢。日中の政府間交渉にも、この構図がしばしば見受けられるようです。ところが、「日本人が１００人まとまると、中国人１０００人でもかなわない」。これは、さるアメリカ人の残した言葉です。日本人にとって、チームワークのよさは本能のようなもの。植物系の文化をもつ民族の天賦の資質といい切ってまちがいないでしょう。

聖徳太子は「憲法十七」の第１条で「一に曰く、和を以て貴しと為し、さからう無きを宗と為よ」と謳いました。推古12年（６０４年）のことです。が、それ以前に日本人は「和」の大切さを自然に身につけていたと、本書は考えています。聡明な聖徳太子は、この国の民衆のなかに潜在していた和尊重の気風を見抜いて、それを成文化したと思われるのです。縄文以来、自然と和し、人同士も和してきました。古代から和はこの日本列島を貫く〝竜骨〟であり、人々のバックボーンでした。以後、今日までほとんど国是のような実質をもって脈々と生きてきた精神といえます。

組織性の裏の負の問題

日本人をみていると、自分の意見を述べるのに、まず周囲の顔をみて口を開くのが一つのパターンになっていると、カナダの高校生（女子）が指摘したことがあります。

「どんなことでも、なによりみんなの同意が必要って、感じ。これって日本人のメンタリティかな？　文化的なものかもねー」

レストランに友人同士数人が入る。メニューの注文に、自分のほしいものをいわず、他人に任せる。結果、数人が同じ料理を食べることになったりします。「郷に入れば郷に従え」という言葉がありますが、「群れに入れば、群れに従う」のが日本人一般といっていいでしょう。

孤立を、ひどくきらう。とにかくチームとか、組織とかに属していたい。

だから会社づとめのビジネスマンは〝社畜〟などといわれたりします。会社の指示に柔順で、所属するグループの人間関係に気をつかって神経をすりへらし、それで疲れてしまう。毎日、徹底した細かい気遣いで、へとへとになる。組織性のもつ、こうした負の部分にも注目しなければなりません。

第6章　ユニークな精緻性

「緻性」を楽しむ人々

この国には、長さ5ミリ、幅3ミリほどの米1粒に、昔から百人一首を書き込む人が絶えません。それも毛筆を使って……。

微細、ミクロといわれるような超微細な世界に浸る喜び。そんなことに挑戦してみてもお金を稼げるわけではありません。特別、英雄視されるわけでもない。しかし、やってみたい。純粋に、やりたいから、やる。趣味の追求です。

現在も米粒に般若心経の276文字を書き込む人が実在しています。茨城には米粒に水戸黄門の大名行列やら七福神、干支の動物12を描く伝統芸があります。その一方で、「ひと粒寿司」で人気をさらった寿司屋さんも活躍しています。

米粒に限りません。爪楊枝に千手観音を彫ったり、手のひらに乗る小さなジオラマ（展示用の箱庭）に電車を走らせたり。同じく手のひらサイズの小さな箱のなかに1軒の家や庭を入れて、外からのぞくといった奇妙なパノラマをつくった人もいます。またパンを材料にして街の風景を20数分の1のミニチュアにした人、１００軒余りの店が並ぶ朝市の風景を長さ3・5メートルのサイズで再現したアーティストもいます。知性ならぬ「緻性」を楽しむ人たちです。

携帯工場

机の上に乗るほどの超小型工場――。カプセル内視鏡のなかに組み込まれる直径1ミリのレンズをつくったり、光磁気ディスクの読み取り装置にセットするレンズを自動生産する工場。いかにも「緻性」豊かな日本人が発想する工場です。

時計メーカーとロボット製造企業が共同開発した超小型工場は、極微小な歯車を製作し直径1ミリのギアボックスを人の手なしに組み立てます。動力源から搬送装置、多関節のロボットアーム、塗装マシン、検査センサーまで、工場として備えねばならない一連のシステムを完備しています。で、この工場のサイズはというと、縦90センチ弱、横1メートル。持ち運び可能な携帯工場です。

また工業技術院では3ミリの軸受けを遠隔操作で製作するマイクロ工場を完成。縦50センチ、横70センチの同工場は旋盤、フライス盤、プレス機、搬送アーム、組み立てハンドをもっています。「21世紀は省エネ、省資源が大きなテーマ。超小型工場は、そうした産業界の要望に応えるもの」と同技術院では説明しています。

こんにち、現実として超小型原子力発電工場、超小型衛星が要求される時代が到来しています。こうした日本人の精緻な手腕が活用される舞台が整いつつあるのです。

超精細繊維で世界一

水問題は、今世紀最大の難題の一つです。海水の淡水化など、今後世界各地において国運を左右する課題となると考えねばなりません。とりわけ降雨量が決定的に少ない砂漠の多い中東諸国では、すでに淡水化プラントは必須の設備。また、中国のようにひどい汚水に悩む国の浄水化用処理膜需要がいよいよ大きくなることも確実。また下水を、この水処理膜で飲用可能な上水にするシステムを導入したシンガポールのような例もあります。

米国のＧＥのような巨大なライバルが存在しますが、日本はお家芸の極微細化技術を駆使して、この領域でも強みを発揮する可能性が大きい。極小の穴、つまりマイクロ（１００万分の１）メートルほどの穴をあけた水処理膜。さらには０・01マイクロメートルの穴の精密濾過膜でも、日本は先行しています。ただ淡水化するだけでなく、操業による電力使用量をいかに少なくするか、また膜の耐用年数をいかに長くするか、ここが勝負のキーポイントです。

繊維メーカーは、こうした水処理事業にとどまらず、花粉症やダニ・アレルギーに効果のある薬剤を浸透させた繊維を開発。世界一極細のナノファイバーを肌着や宇宙用衣料として提供するメーカーも現れました。いずれも日本人特有の極超微細テクノロジーの結晶です。

繊維産業は、それぞれのお国柄を反映する産業とみることができます。繊維ビジネスはもう斜陽だとして早々にこの舞台から退場した国。反対に、この事業にもまだまだ大きな夢があると粘り強く井戸を掘りつづける国。日本は後者で、かなり多くの企業がこの産業に踏みとどまり、生き残りを賭けて工夫と努力をかさねています。かくして向かった方向が繊維の超精細技術だったのです。

新幹線の精密運行

日本の東海道新幹線は、年間約12万本の列車を走らせています。すでに運行開始から半世紀を越えましたが、人身事故はゼロ。しかも定時運行が誇りで、運行12万本の遅れは1本平均、なんと36秒（２０１０年）。自然災害など不可抗力による遅延を含めての36秒です。なにしろ新幹線の運行管理は秒単位で組まれており、１分遅れると全列車の走行に影響するため、総合指令所が警報をだして遅れの取り戻しを図るシステムになっています。

「そんなに急いでどこへゆく？」

「そんなに正確に動かしてどうするの？」

世界の感覚ではこんな羨望を込めた揶揄が飛び出しますが、日本人の場合、精度の高い列車運行は伝統。明治初期、新橋～横浜間に初めて鉄道を走らせたときから、運行時間の正確を期するのを課題として取り組んできました。以来１５０年の努力が、こうして結晶しているのです。

縮み志向

「トランジスタ文化は、すでに平安時代にあった。古来、世界のどの国にも団扇(うちわ)はあった。しかし、どの民族もあの平たい団扇をたたんで縮めようとは考えなかった。日本人だけがそういう着想をもった背景には、なにかを小さく凝縮し、緻密にする〝縮み志向〟ともいうべき日本特有の文化構造があったからだ」

これは昭和56年発刊の李御寧著『「縮み」志向の日本人』のなかの一節です。李氏は作家で元韓国文化相。拡大志向がつよい韓国人から日本人をみていると、とくに縮み志向、精細志向が目に付くようです。同書は「三万里程の大自然を尺寸に縮め」る盆栽や石庭についても触れ、俳句や短歌、茶道なども同じように縮みと精緻さをよしとする日本人特有の心性から生まれたものだと述べています。

太古から精細好き

縄文時代の火焔土器――。古代の焼き物としては、世界でも精細さ随一といっていいでしょう。海外で出土する古代の土器は、機能面や彩色ではかなり工夫されたものもありますが、形は総じてシンプル。わが縄文の火焔土器のように、精巧な器形の作品に匹敵するものは、まずみられません。

あの焔の部分は、手の込んだ繊細な造形力を必要とします。よほど手先が器用でなければ仕上げることができない。第一、縄文という縄目の文様自体、細密性をもっているといっていいでしょう。縄文人は、のっぺらぽうの器面の土器は、ふつうの日常では使っていても、祭祀用など特別の行事用土器には、あえて手間暇かけてつくったものを当てたと思われます。

10世紀末、『枕草子』を著した清少納言は「いとちひさきみゆるはいとをかし」として、雁の群れが飛び去って次第にその姿が小さくなっていくのに心ひかれると記しています。また同書の中ほどには、「うつくしきもの」として「二つ三つばかりなるちご（稚児）の、いそぎてはひ来る道に、いとちひさき塵のありけるを目ざとに見つけて、いとをかしげなるおよびにとらへて、大人などに見せたる、いとうつくし」「雛の調度。蓮の浮葉のいとちひさきを、池よりとりあげたる。葵のいとちひさき。なにもなにもちひさきものはみなうつくし」とも記しています。秋の虫の音を聞き分け、その虫の老若を当てっこする人たちなども、たぶんこの『枕草子』に通じる人々なのでしょう。

夏目漱石の句に「菫程な　小さき人に　生れたし」があります。これも古代からひそんでいる〝倭人の魂〟の声のような気がします。「神は細部に宿る」といいます。日本人は微細なものを疎かにはしない、信仰にもなっているような気さえするのです。

第７章　日本社会を覆う職人性

サッチャー氏の慧眼

２０１３年４月に物故したマーガレット・サッチャーさんは、１９７９年から11年間、イギリス首相として活躍しました。在任中、フォークランド諸島をめぐってアルゼンチンと戦って勝利し、米国のレーガン大統領と連携してソビエト連邦との冷戦に終止符をうつなど、偉大な功績を残しました。政権末期には与党の保守党からも足を引っ張られて孤立状態に苦しみましたが、それでも決して節を曲げない強靭さを発揮し「鉄の女」と呼ばれたことは周知の通りです。

サッチャーさんは首相時代、前後４回訪日しています。４回目は首相でありながら、お忍びの来日でした。かなり親日的であったことがうかがえます。特筆されるのは２回目の来日時、つくばの研究所や各地の工場などの入念な視察です。そのときの印象をサッチャーさんは首相退任後執筆した回顧録に次のように記しています。

「私が会った実業界のトップがエンジニア出身であり、自分の会社の生産現場について実際的な理解をもち、技術革新に寄与できることに私は感銘を受けた。これは、多くの場合、〝経営〟といえば一般管理や経理分野ですぐれていることを意味するようにみうけられるイギリスと非常に対照的だった。私は、これが日本産業の成功の一つの手がかりなのだろうと思った」

サッチャーさん自身、いわゆる理系の育ち。オックスフォード大学で化学を専攻しています。日本では、大企業のトップの多くが理系で、現場の従業員と同じ作業服に身を包み、陣頭指揮をとっている。それは職人を尊重する日本の伝統からくるものです。日本の社会全体にある職人志向の現れでもある。サッチャーさんはそこにつよく魅せられたのです。

サッチャー首相はこの来日を契機に、日産自動車や工作機械のヤマザキマザックなど、日本の名門企業を次々と英国へ誘致しました。

それまでの日英関係は、太平洋戦争で敵対して激戦を交え、相互に捕虜虐待問題などもからんで、むしろつよい不信と怨念が渦巻いていた、といっても過言ではない状態でした。戦後34年を経過した時点で登場したサッチャー首相は、持ち前の的確な大局観をもって日本を眺め、とりわけ日本人のモノづくりについての非凡な資質を見抜き、新しい日英関係の構築が両国の発展に不可欠であることを直感したのでした。

受験生も官僚も職人

「私が観念的にきめこんでいる戦前の平均的日本人というのは、職種にかかわらず職人型である。律義でもある。自分の職分については責任感がつよく、寡黙でケレンがない。情景としていうと、電車がガラ空きに空いていても、一隅をめざしてすわり、ひざをそろえている。目だけは、よく光っている。（いまの平均的日本人はというと）私を含めて、ぜんたいに水っぽくなり、自我が大きくひろがっているわりには、責任感が希薄そうにみえるにちがいない」

司馬遼太郎の『風塵抄』のなかの1節です。

「職種にかかわらず職人型」とありますが、はやい話、大学をめざす若者は「受験の職人」。むろん例外はあるものの、予備校などに通ってひたすら受験技術を磨いています。受験以外は、なにもみようとしない。大学在学中に司法試験や公務員試験のための予備校に通うダブルスクールの学生は、まさに受験の職人としかいいようがない。4年制の大学を出てから「手に職がほしい」と専門学校に通う人もいます。

また官庁の役人はというと、彼らは「法令の職人」です。1条1条を諳（そら）じて、これを墨守、柔軟な理解をあえて拒む傾向があります。また政治家も、「選挙の職人」になっているような気配があります。

これらは、必ずしもわるいとはいえません。青春時代に受験に集中する時期があっていい。役人が法令に明るくなくては、国民はたまったものではない。政治家が選挙を通じて有権者一般の想いを汲みとるのは民主社会における王道です。職人的であることは結構なこと。職人は、一途に目の前の仕事に全力を傾注する。凝り性が職人の性（さが）です。一点集中は効果的であり、みていても美しい。

珍しい重職主義

むかしから刀工の地位は高く、徳川家康は駿河府中で南紀重国を抱え、のちに60石を給しています。また南北朝時代にさかのぼると、許されて平氏や藤原氏を名乗った刀工もいました。美濃には和泉守兼定がいたし、京都には越後守、山城守、河内守を冠した刀匠が多数輩出しています。もののふ（武士）の魂をこめた刀をつくる名工は、各地の藩主が競って側近にしたのでしょう。

織田信長は安土城築城の折、堅牢で美しい石垣をつくるのに琵琶湖畔の穴太（あのう）村から石工集団を起用しました。その後、徳川幕府のもとでも穴太の石工たちは活躍し、ついには大名級の処遇を受けるまでになりました。この国では、いかに重職主義が貫かれたかが、よく分かります。

明治になると、総合大学に世界初となる工学部が設置されます。東京帝国大学工学部がそれです。「機械いじりは油まみれになる。ブルーカラーの仕事はできない」などとうそぶく国が多いなかで、エリートたちが競ってモノづくりの現場に進出したのも、国際的にみれば異質の伝統です。それは、縄文以来、一万数千年の歴史のなかで根づき、りっぱに育った伝統なのです。

手の国

日本には、「手」のつく言葉がすさまじいほど多い。なにごとにも「手」をつけなれば気がすまない。縄文以来、手を生命線としてきた職人の国だからでしょう。

人を手で表現して、「運転手」「旗手」「騎手」「助手」などといいます。モノにも手を使います。「切手」「手形」「手紙」「手拭」「十手」。方向を示すにも、どこからともなく手がでてくる。「山の手」「浜の手」「海の手」「行く手」「手前」「手元」「手近」「手遠」。「手」をやめて、「頭」や「足」を使えばと思うのですが、決してそうはならない。日本では、まるで人には手しかないかのようです。

なぜ、ここに手がでなければならないのか、と考えてしまう言葉もあります。「手頃」「手短」「手狭」「手広」「手痛い」「手厳しく」「手ごわい」「手放し」「手離れ」——。ことを強調するのに手を加える。ただ「痛い」「厳しい」では、ちょっと物足りない。そんなときに「手」が出てくる。

日本の外科医が世界を飛び回って難手術をこなし、ＮＡＳＡの宇宙基地から「神の手」と絶賛された宇宙空間での若田光一氏の活躍など、日本人の職人性は世界の高い評価の対象となっています。

職人ことばの浸透

「職人の国・日本」——。職人的な感性、職人的な思考が、この国の全土を覆っていることの証しの一つとして、職人ことばが日本中を流通しています。その一部を紹介しましょう。

「鋳型(いがた)にはめる」＝「鋳型」は、もともと鋳物工場の職人たちの専門用語でした。

「相槌を打つ」＝やはり鍛冶職人の間で使われていた言葉。親方がカナヅチでたたいて相方の向こう槌に合図を送る。それが、「相手の話に合わせて頷く」の意となり、一般化しました。

「横紙破り」＝和紙職人が漉き目を横にした紙が横紙。強く丈夫で使いやすい紙で、簡単には破ることができない。それをあえて破ろうとする無鉄砲な行為をいいます。が、近ごろは鋳型にはまった定番を越えて斬新なことに挑戦するような、いい意味にも使われています。

「くだを巻く」＝機織りの糸車の部品、小さな軸が「くだ」。糸車を回すと、このくだがブーブー音を立てることから、酔っ払いがわけの分からぬことを口にするさまを表現します。

「鎬(しのぎ)を削る」＝刀身の刃と棟の間の一番高い稜線部分が鎬。この鎬が削れるほど激しく戦う意。

「鍔ぜり合い」＝戦にあって、刀と刀の鍔がかち合うほど、勝負の切迫したさまをいいます。

「切羽詰まる」＝切羽は、鍔が動かぬようにする金具。身動きがとれない、もう打つ手がないといった窮地にあることをいいます。

「目貫き通り」＝刀の柄の、いわゆる刀装の最も目立つところにつける金具を目貫きといいます。

「反りが合う、合わない」＝反りは日本刀独特のもの。一振り一振り、刀ごとに反りは微妙に異なります。合わない夫婦が「元の鞘におさまる」のは無理というものでしょう。

「折紙つき」＝折紙は、刀の鑑定状をいいます。紙をよこに二つ折りにして書かれたもので、室町時代、本阿弥がはじめたといわれています。

「焼きを入れる」「焼きが回る」＝いずれも刀を焼く、刀を鍛える工程からでてきたことば。前者は、たるんでいる者にカツを入れること。後者は、鋭さが鈍って〝切れ〟が衰えたことの表現です。

「付け焼き刃」＝いったん刀身に付けた刃紋は、めったなことでは消えません。が、なまくらの波紋はたちまち消え失せるところから生まれたことば。

縄文以来の職人性

世界で初めて土器を焼いたのは、縄文人ということになっています。縄文人は「土器革命」の先駆であり、牽引役でした。ものごとの始祖は、世界で初めて開拓したそのことに誇りをもつとともに、それに執着して凝るものです。初めて土器、土偶をつくった縄文人は、非常にたくさんの量を残しました。縄文遺跡から発掘される焼き物の量は、海外の遺跡のそれに比べて格段に多いといわれているのはそのためです。

1500年の間、縄文村のあった三内丸山遺跡からは、発掘作業が7割ほどすんだ段階で、段ボール箱なんと4万個もの土器、土偶片が出土しました。しかも、あちこちの遺跡からも火焔土器のような、細部にこだわりをもつ質のすぐれたものがいっぱい出土しています。つまり、縄文時代からこの日本列島は「職人の国」だったのです。

祭祀に用いられる土器は、神器だったと推測されます。すぐれた土器をつくる者は、おそらく集落で尊敬の的になったでしょう。部落の長（おさ）に推されたりもしたでしょう。職人が軸になった社会が、そこには展開されたはずです。それによって職人が文化を牽引するといった伝統が、のちのちまで継承され発展してきたと考えられます。

第８章　自分たちも気づかぬ多様性

表層は画一的

日本人自身が錯覚しています。だから世界が錯覚、誤解するのは無理もない話です。日本人の多様性の問題です。

最近は、それほど目立たなくなりましたが、30年ほど前まで、地方都市の商店街を訪ねると、たいてい「〇〇銀座」となっていました。むろん東京の銀座をモデルにした名称です。横並びは日本のお家芸だと外国からも指摘され、日本人自身もそう考える傾向がありました。

企業などが不祥事をおこして謝罪会見なるものを開きます。会見では謝罪者が数名、必ずそろって黒い背広で現れ、文字通り横一線に並びます。しかも「ご心配とご迷惑をおかけして、まことに申し訳ありませんでした。今後二度とこのようなことがないよう全身全霊で努めてまいります」と謝罪の言葉もみな同じ。さらに、「ご心配とご迷惑をおかけして」といったタイミングで、横一線が立ち上がって深々と最敬礼するのも、どの会見もハンで押したように同じ。こんなのを絶えずみせつけられたら、日本人は本当に画一的民族だなと思ってしまいます。

ところがです、ひと皮むくと決して画一的ではない。それぞれの人が和を大事にし、所属する共同体や組織の雰囲気を尊重することを優先するため、みながそれぞれの多様性を表層の下の地層にしまい込むのです。特異な意見は口にしない。変わった行動はあえて抑える。公的な社会生活と、その社会生活の裏にあるプライベートな次元の暮らしとでは、一定の距離をおく。公的な面と私的な面とが分かれていますが、といっても私的なプライベートな部分が実で、公的な部分が虚ということではない。どちらも、日本人にとっては真摯な取り組みであり、実像です。「和」を優先する環境をつくって何百年、何千年を経てきた日本人。多様性を顕現化しない社会のかたちが定着しているのです。

したがって、外国人からすると日本人は難しい。難解な民族ということになるわけで、「中国、朝鮮までは理解できる。だが、日本となると、どうにも分かりにくい」という欧米人が多い。それぞれ個人が、自分は何ものかを折あるごとに周囲に知らせようとする文化が多い世界のなかで、日本人だけがめったなことでは自己像について語らないのは、まことに奇異であり、不思議ということになってしまいます。

千差万別の趣味生活

一般論でいえば、エリート層に属すような人には、どちらかといえば画一的な傾向がよりつよく現れるようです。自分のキャリアを大事にして、エリートとしての定型の生活からはみだすことをきらう。余暇などもエリートらしい慣習を踏襲して過ごす。エリートには、意外に自由がないのです。これは万国共通の傾向かもしれません。〝キャリア・ファースト〟、地位こそがなにより大事だから——。そこにいくと、庶民は失うようなキャリアをもっていません。それぞれが自分の好みに応じて趣味生活を楽しむ自由をもっています。

たとえば、ＳＬファンのような〝撮り鉄〟。機関車Ｄ51が走るとなると、全国からその雄姿をカメラにおさめようと大勢が集まります。が、〝撮り鉄〟はＳＬだけが対象ではない。ユニーク建築の駅舎に凝る人、全国の駅名を掲示した看板の文字採集に夢中になる人、駅名といえば、全国に３３０ある「○○前駅」の調査に夢中になる人、諸国の駅弁や駅ソバを食べ歩く人、駅弁の掛け紙だけの収集にわれを忘れる人、世界一多いといわれる国内の踏み切り研究にのめり込む人。まだまだあります、駅中が面白いと、キヨスクや自販機などを調査して北海道から九州まで旅したり、廃駅や廃トンネルが醸し出す平家の落人部落のような雰囲気に浸ったり、本線からはずれた行き止まり線、いわゆる〝盲腸線〟の発見に足を棒にしたり。もちろん、これらはみな手にしたカメラで記録するのですから〝撮り鉄〟です。このように鉄道関係の趣味だけみても、ひどく多種多様、千差万別の様相を呈しています。

鉄道以外ではどうでしょう。バリエーションは、さらに多様を極めます。ニューヨーク・マンハッタンの地面を、両手つきの四つ足で這って歩いたのが病みつきになり、４本足疾走の世界記録を打ち立てた人。地平線に沈む夕陽が描き出す哀愁がたまらんと、世界を回って落日写真4万枚超を撮影した自称、夕陽評論家。バナナに人物像などを彫るアマチュア彫刻家。空き缶つぶしをスポーツにして、自分で自分に〝国際CANつぶし協会長〟の辞令をだした人。土を何時間ももんでもんでもみまくり〝光るだんご〟づくりに精を出す大学教授。カッパの焼き物を集めて、欧州特別賞に輝いたサラリーマン。クモの糸でハンモックをつくり、そこに寝込んだ研究者。都会の陰にひっそり生きている井戸たち600の発見者。氷や雪に彩色して、溶けていく過程の流動美に酔うアーティスト。人がメモに書くクセ字ばかり600人分をコレクトしたデザイナー。全世界の切手のなかに描かれたキノコ狩りだけ4000枚近くを集めたコレクター。まだまだありますが、日本人のセカンドライフの多種多彩さは、尋常なものでないことはたしかです。

夥しい姓

日本人の姓の多さにも注目することにします。姓名研究家によると、全国で姓の数は30万以上といわれています。その研究家でさえ、日本中の姓を完全に漏れなく調べあげるところまでにはなっていないとみずから認めるほど。また最近はグローバル化の影響もあって新しい日本姓が続出し、途中でカウントを休止したという人はいますが、自信をもって全部をリストアップしたという奇特な人はまだ出現していないようです。

なんでもアメリカは世界中から人が集まり、姓の数も推定約150万。ただし姓名の名、つまり個人名、ファースト・ネームは意外と種類が少なく、男性なら「ジョー」「ジョン」「ジョージ」「ウィリアム」あたり、女性なら「メアリー」「エリザベス」「サラ」などが圧倒的な数になるといいます。また14億の人口をもつ中国の姓は、少数民族の分を含めても４５００ほど、韓国は約５００といわれています。韓国で多い「金」「朴」「李」の３大姓は、全人口の半分近くを占めるということですが、日本の三大姓「鈴木」「佐藤」「高橋」は全体の２％前後に過ぎません。

日本には珍名、異名、変名も非常に多い。「十」という姓は「つなし」と読みます。一つ、二つ、三つと九つまでは、みな「つ」がつく数ですが、十には「つ」がないからです。また「二」は「にのまえ」と読みます。２の前は1だから。「九」は「いちじく」。一字で九だから。「小鳥遊」という姓は「たかなし」と読みます。鷹がいないから安心して小鳥は遊べるのです。「月見里」は、山が邪魔しないでいい月見ができる場所なので「やまなし」と読みます。頓知比べのような姓には閉口しますが、つまりはそれほど日本の姓は無数に近いということです。姓が多いと、個性も多様といえます。「名は体を表す」という俚諺があるように、だれしも70年、80年、生涯をともにする自分の名の影響を受けずに過ごすことはできません。珍名、変名の人は、やはりどこか変わり者といいたくなるような人が多いのも現実でしょう。

道具類の多様さ

司馬遼太郎さんが戦時中、陸軍戦車隊員として中国の東北地区（当時の満州）に従軍していたころ、地元の農家を訪ねたことがありました。

「どうしてあれほど農具が少ないのか、と思えるほど数がなかった」

と驚嘆しています。じつは、当時の朝鮮半島の農家も決して鎌や鋤、鍬が多くはなかった。日本が多過ぎるのかもしれません。多様な農具をもっている日本の農家をみているから、中国や朝鮮の農具が少なくみえたのでしょう。

日本の場合、鎌だけを考えても木の枝を切る木鎌、草を刈る鎌、稲刈りに使う鎌は、どの農家にも必ずあります。それも農家の主人用、奥さん用、子供用などと銘々がもっている。鍬も畑の違いによって決められたものを使う。仕事に凝るから、道具にも凝るのです。

職人の道具もきわめて多様。簞笥職人は、熟練すると鑿だけで約50種ほどそろえてもっている。鉋も同じ数ほどをつねにそばに置いている。どうしてそれほどの道具が必要なのかと思うくらいですが、削る板の幅や湾曲、あるいは溝の精度にそれぞれマッチした鑿や鉋を使うためです。それと作業の精密性や効率を追及すると、どうしても種類が多くなってしまう。

文具店をのぞいてみます。ここにも日本の場合、無数のアイテムが並べられている。4～5坪の小さな文房具店でさえ、2万点余りを扱っているのがふつうといいます。それも面白い個性のある文具が多く、訪日する欧米のローティーンの女の子たちなど、羽田空港に降りると都内の文具店に直行して、好みのキャラクターや文具を探し求め、喜びの悲鳴をあげたりします。彼女たちをシビレさせる日本の文具の奇抜さ、多様さには他国にはない格別なものがあるのです。

多様性の由来

このような日本人の多様性は、いったいどこからくるのでしょうか。

これはもう第一に、日本列島の自然風土の多様性を挙げなければなりません。本州に北海道、四国、九州に加えて沖縄を含めた南西諸島が太平洋、東シナ海、日本海に展開しています。その周辺には6千有余を数える島嶼もあります。さらに地球儀をみると、日本列島の南端は北緯24度の先島（さきしま）諸島から、北端は北海道・宗谷岬の同45度あたりまで広がっています。南の先島諸島にいたっては、台湾最北の都市、基隆（キールン）より南に位置するのです。あの巨大な大陸国家、アメリカ合衆国は、ハワイ諸島を除くと、最南部が北緯25度、最北部が50度近辺。南北の広がりを比べると、日本列島は米国に比べてさほど遜色がありません。

そのぶん、北は亜寒帯の北海道北部から南は亜熱帯の南西諸島まで多様な自然を抱えていることになり、この列島付近は、年間の季節が春夏秋冬に梅雨期、秋霖期を加えて6期という人もいるほど。それどころか1年は24節気に分かれ、3月なら上旬に啓蟄（けいちつ）、下旬に春分があり、

4月は清明、土用が訪れる。また72候といって5日ごとに季節の波を知る時代もあったようです。それほど日本人は季節の移ろいに鋭く反応してきた歴史をもっている。しかも台風にはじまり洪水、風害、雪害、さらには火山の噴火や地震、津波などの多種類の災害が襲ってくる。まことに、変化の激しい自然の顔をみながら人々は暮らしてきました。現代も、そうした自然とお付き合いをしているのです。

第二に、日本列島の多様性の由来として、極東というその位置を見逃すわけにはいきません。海流の関係で古代から大陸なり半島なり、あるいは南方のフィリピンやインドシナあたりからの漂流物がこの列島に流れ着きました。モノばかりではありません、人もきました。文化もきたのです。南方から、大陸から、半島から、さらに北方からも、さまざまな人や文化が流入する「世界のターミナル」でした。日本人は、むかしから地政学的に多様化から逃げることのできない宿命を背負った民族でした。

第9章　隠れている独創性

開国以来「サルまね国家」？

日本は、欧米の国々から、しばしば〝模倣・サルまね国家〟呼ばわりされてきました。背景に人種的偏見が抜きがたく広がっていたことは否定できませんが、日本側にもそうした偏見を払拭するための努力が十分でなかった点も見逃せません。同時に、明治維新以来、「西欧に追いつけ」を国是として、国を挙げて欧米の模倣に走ったのも事実です。

開国当初、明治政府は西欧による植民地化を阻止するため、西欧並みの強力な国家になることをめざしました。そのために軍事から経済、文化のあらゆる分野で、懸命に西欧をモデルとして学ぶ路線をとってきました。いわゆる「富国強兵」策がそれです。

長い鎖国から、いきなり「弱肉強食」の国際社会にほうり出され、日本の危機感は深刻でした。それだけに当時の日本は強烈な西欧志向を示したのですが、こちらの西欧に「学ぶ」姿勢を、向こうの欧米側は「まねる」とみたのです。

日本語の「学ぶ」は「まねる」を語源としているという説があります。もともと日本では、双方の境界がはっきりしません。そのため、まねることに日本人は欧米人ほど抵抗感がないのです。たとえば、プロ野球のあるチームのスタンドでファンたちがいっせいに風船飛ばしをはじめると、他のチームの応援席でもまったく同じように風船を飛ばす。チアガールが球場で跳びはねるのまでそっくりまねる。あのチームがそれをやるなら、こちらは別の演出で士気を鼓舞しようとは考えないようです。高校野球の応援席でも、ほとんど同じ風景が出現します。

企業の行動にも似たようなところがあって、ある製品がヒットすると、それに追随するメーカーが必ず現れる。それも1社や2社ではありません。特許法に触れない限り、際限なく模倣がおこなわれる。まねるのは沽券にかかわるから、こちらは別の独自の方法を選択するといった意地がない。それやこれやで日本人はものまね好きな国民だと、いまでも西欧一般はみているフシがあります。

こんな話もあります。日本文学の研究者として知られたドナルド・キーンさんが、むろん戦後のことですが、あるパーティーで同席者の一人からいわれました。

「ミスター・キーン、なぜあなたはサルまねの国の文学を研究なさるんですか？」

また1990年代、ドイツの週刊誌が「西洋の技術と東洋の魅力」と題するレポートを掲載したなかで、日本の新幹線はヨーロッパの技術をコピーしたものだと書きました。ライターは日本に3週間ほど滞在した女性記者。先頭の機関車が何両もの客車を牽引する従来の列車とは異なり、客車1台1台に駆動モーターを取り付けた史上初の連節列車による超高速化を日本の国鉄が実現したのです。１９６４年、東京オリンピック開催に合わせて時速２２０キロで走りだした、文字通り「夢の超特急」でした。

この事実は、もう世界的によく認知され浸透しているはず。新幹線開通以後、フランスからも、またドイツからも大型の鉄道視察団が幾度来日したことか。その結果、フランスの超高速列車ＴＧＶがパリ―リヨン間にお目見えしたのが１９８１年。新幹線出現の17年後です。ドイツのＩＣＥが登場したのは、さらに遅れて１９９１年。模倣したのは、フランスであり、ドイツのほうです。しかし鉄道そのものは欧州発祥。明治以来のサルまね国家というイメージが残っているのに乗じて、ドイツの週刊誌はあえて逆さまの記事を載せたのです。

日本人自身も「サル」と考えた

日本では原子模型のことを「ラザフォードモデル」といいますが、じつはイギリス人のラザフォードがつくる8年前、１９０４年（明治37年）に、物理学者の長岡半太郎（東京帝国大学教授）が世に問うています。外国の、たとえばベル研究所あたりでは「長岡モデル」で通じているのに、日本人のほうが、自分たちの独創性を認めたくないようで、「長岡モデル」ではなく「ラザフォードモデル」といっている。

ずっと以前のことですが、某企業の幹部がある業界紙に日本人の独創力に関する見解について寄稿しました。少々、長くなりますが重要な問題なので引用することにします。

「世界の先進技術に追いつき、ようやくトップにたったら、各国からもいわれはじめ、日本でも反省しているのは、この技術開発が90何％まで導入技術であり、追随技術であり、極端にいうと模倣技術であること、つまり日本人によって独創的に生み出された技術のシーズは何もないじゃないかという点である。

これは遺憾ながら事実であろう。私たちの正業である電線製造技術においても、そのアイディアはもちろん、生産方法、生産機械、使用する被覆、絶縁材料ことごとくといっていいほど、日本国産の技術によるものはない。（中略）

近代科学に立脚した技術上の発明に限ってみると、すべてが日本人のアイディアではない。日本の種から芽生えて、それが育てられた技術というものは無に等しい。しかし反面、日本に移入された種または芽生えが日本に根付くと、その芽は急速に成長し、枝葉を茂らせ花を咲かせる。その芽を見つけ、またはその種を創り出した国でも、あるところまで行くが、最近の諸例にみるごとく、日本ははるかにそれを越えた成果をあげる。戦後種を仕入れた国アメリカを象徴する工業製品の自動車も、さらに鉄鋼でもこの例外ではない。エレクトロニクスの分野でも今や大量のカラーテレビでもＩＣでも、その本国アメリカに怒涛のごとく輸出されているのは何故か。

さて、日本が現在達している工業水準、製造技術といったほうがいいかも知れないが、この高度な製造技術を開発し得た日本人の特性、さらには日本の社会環境こそ、実は日本に独創的技術を生み出さなかった要因そのものであるというのが、私の考えである」

同幹部は、さらに結論として次のように書いています。

「独創的な技術の創出、発明は民族の固有の資質によるものではないと思う。これはないという証拠があるのではなくて、逆に資質ある民族によってのみ可能であるという歴史的な証明がないのである。ある民族の近代科学技術上の発明発見というものは、民族のその時得ている知識教養のある程度以上の水準がなければならぬことは事実であろう。私は、ある民族がこれをなし得る最大の条件は、発明発見を尊しとする価値観がその社会に存在するか否かであろうと思う。私は、こういう価値観は社会の中でどれだけ個人の尊厳が認められているかということに深くかかわっていると思う。自我の認識といってもいい。この尊重とは、同時に自由の尊重である。だが日本には安手の自由論ははびこったが、真の自我の確立はなかった。集団帰属意識だけがはびこった」

ライシャワー博士の日本論

日本人は、根っからの〝模倣屋〟なのでしょうか。

実質的に独創性をもたない民族なのでしょうか。

そこで、まずエドウィン・O・ライシャワー博士の日本文化論に目を移してみましょう。これも、長くなりますが、どうしても紹介しておきたいと思います。

同博士は日本生まれ。高校卒業まで日本で暮らし、ハーバード大学に進んだあと同大学に残って日本学の講座を担当。のちに駐日米国大使も務めた第一級の日本研究者です。

「日本民族は、借用とものまね以上のことは何もしてこなかったではないか、とよく言われるが、この指摘はまったく事実に反している。地理的に孤立していたため、日本人が意識して海外から学んできたことは確かであるが、同時に、他から隔絶していたことにより、同程度の規模の他の地域に比べても、とりわけ特異な文化を発展させることが可能だったのである。

一例として、日本の伝統的な衣服とか食事、住居、日常の暮らし方といった基本的な事項を考えてみよう。床に敷く藁(わら)製のぶ厚いマット(畳)、壁の代わりに家の中を仕切る紙製の引き戸(障子、襖)、開放的で風通しのよい家屋全体の構造、美術品を飾る床の間、炭火を入れる火ばち、木又は鉄製の一風変わった浴槽。以上あげたもの以外にも、簡素ではあるが日本の伝統的日常生活の基本をなす多くの事物は、日本だけにしかみられない。このことは、日本の文化が単なる模倣の産物ではなく、きわめて独創的なものであることを証明している」

歴史的な独創の伝統

みる人には、みえるのです。表層だけでなく、目の前だけでなく、大きく歴史を俯瞰する一方、身の回り、足元の小さな部分にも視線を向けて丹念に観察し深い考察をおこなうと、この国には他国にはない希少価値に富む創造がきわめて多いことに気づくのです。

1万3000年前の土器開発、5000年前のダイズ、アズキの独自栽培やクリ林の造成にはじまり、汚れを忌む神道、デリカシーにあふれる日本語、武器であるとともに芸術品である日本刀、隆々たる筋肉をアンコ肉で包んだ力士による相撲、そしてユニークな袂(たもと)と帯などによって背中の美まで追求した民族衣裳（着物）、中国にも朝鮮半島にもみられない特異な風格をもつ城郭や石垣、それに余白、余韻に価値をおく短歌、俳句、川柳。さらに西洋には「甘い」「辛い」「酸(す)い」「塩辛い」の4つの味、中国はそれに「苦い」を足して5味、日本にはさらに「うま味」が加わり6味としています。至るところに日本人の独創の結晶をみることができます。

21世紀のノーベル賞

1891年（明治34年）ベルリン大学のロベルト・コッホ研究室にいた研究員ベーリングが第1回ノーベル生理学・医学賞を受賞しました。この研究室では、北里柴三郎が同じ研究をしていたのです。しかも北里は、その4年前、破傷風菌の純粋培養に成功して同研究室の存在を世界に知らしめることに貢献しています。しかし、ノーベル賞は北里ではなくベーリングに渡った。この第1回のノーベル賞委員会の受賞者選考資料が21世紀になって明らかになっていますが、「有色人種の受賞はこのましくない」（後藤秀機『天才と異才の日本科学史』）という意味の文言が記載されていたといいます。

１８９７年（明治30年）には志賀潔が赤痢菌を、１９００年（明治33年）には高峰譲吉がアドレナリンを、１９０７年（明治40年）には池田菊苗がグルタミン酸ナトリウム（味の素）をそれぞれ発見。さらに１９１０年（明治43年）鈴木梅太郎によるオリザニン抽出と秦佐八郎によるサルバルサン（梅毒の特効薬）の開発。１９１３年（大正２年）には野口英世による梅毒スピロヘータの発見がありました。同じ年、寺田寅彦によるX線回析原理の発見も。しかし、ノーベル賞受賞者は一人もいません。その後も日本人の科学上の貢献は休むことなくつづき、第２次世界大戦後の１９４９年（昭和24年）になって、やっと湯川秀樹氏の初の物理学賞受賞に至ったのです。

なお、特記しておかねばならないのは、ノーベル委員会は21世紀に入って受賞者選択に人種差別を越える決断をしたらしく、アジア、アフリカへの平和賞授賞が目立つようになりました。そのとたん、日本人の理系学者、研究者の受賞が急増しました。

イグ・ノーベル賞でも異才発揮

ノーベル賞の日本人受賞数が、非西欧で突出して多い一方、イグ・ノーベル賞でもわが国は輝かしい実績を挙げています。同賞は１９９１年、アメリカの科学雑誌「ありそうもない研究」の編集者が創設。以来、「人々を笑わせ、考えさせてくれた研究」に贈る賞で、冗談のようで決して冗談ではない、ごく真面目な研究が受賞の対象になっています。

31回受賞式がおこなわれたうち、日本人は2021年まで連続15回、通算26回も受賞しています。創設の翌年1992年、はやくも資生堂チームが「足の悪臭の原因物質を解明」で医学賞を受賞。以後、「ピカソの作品とモネの作品を識別できるようハトを訓練」「異なる味のガムをかんだときの脳波の変化の測定」「犬語翻訳機の開発」「ハトに嫌われた銅像を化学的に考察」、最近では「歩きスマホ同士のぶつかりの研究」などが受賞。都知事選や参議院選挙などによく立候補して笑いを誘う、あのドクター中松さんも「自分の食事を34年間撮影し、脳の働きや体調に与える影響の分析」で栄養学賞を受けています。いずれも創意も着想も大真面目。日本人独特の、キメ細かい観察や考察が土台になった研究です。

「はやぶさ」が「サルだ、サルだ」を黙らせるか

片道3億キロにおよぶ宇宙の旅をつづけ、小惑星「イトカワ」上の微粒子を地球にもちかえった無人の超小型探査機「はやぶさ」（6×4・2×3メートル）。2003年5月、鹿児島県の内之浦から打ち上げられて2010年6月帰還するまで、じつに7年余にわたるミッションでした。

「東京から2万キロ離れたブラジルの空を飛んでいる5ミリの虫に弾丸を命中させるような精度を求められる」（川口淳一郎・JAXAシニアフェロー）という神業をやってのけた結果です。

月以外の惑星のサンプル採取とテイクアウトは、世界初。イオンエンジンにマイクロ波放電方式を採用した衛星推進も、世界初。

後継機の「はやぶさ2」は、すでに別の小惑星「りゅうぐう」の地表の砂や石、約5・4グラムを採取。それらを２０２０年12月に豪州に投下したあと、地球に帰還して休息することもなく、新しいミッションである直径約９００メートルの小惑星「１９９８ＫＹ２６」探査の使命を帯びて現在飛行中です。目標到着は２０３１年ということです。

こうした独創性いっぱいの日本をみて、もう日本人を「サルだ、サルまね人種だ」と叫ぶ者は消えるはずです。ただ、前記の通り「学ぶ」と「まねる」の境界があいまいで、むしろ成長の初歩段階ではしっかりまねることが奨励される風土になっていること。それに加えて、自国の伝統文化を抑えて欧米並みになろうと懸命に努力したことなどが、日本のサルまね像を世界に広げる結果になったと考えられます。日本人自身「自分たちはサルかも……」と思わせたものは、その像の逆輸入によるのでしょう。

第10章　保守好きの新モノ食い―鮮度感覚

歓迎！　短期政権

「アイドル3年、総理1年の使い捨て」――。

芸能界にデビューした若いアイドルの〝旬の季節〟、それは3年つづくけど、わが国の場合、総理大臣の寿命はわずか1年。そういって嘆いたのは、竹下登首相（当時）でした。同首相の実際の在任期間は、昭和62年（１９８７年）11月から平成元年（１９８９年）6月までの1年7カ月。たしかに短い。総理の椅子にすわって1年、やっとこれから本格的な仕事ができるかなというときに、どこからともなく「もうそろそろ降板して後輩に席を譲る時期じゃないですか」などといった声が聞こえてきたりする。やはり背景に、国民のつよい鮮度志向あってのことではないでしょうか。

２０１２年（平成24年）12月、第二次内閣を発足させた安倍晋三元首相についても、某紙の編集委員が次のように書いています。２０１７年（平成29年）1月のコラムでした。

「このままいけば、自民党総裁の任期延長で、安倍晋三首相の時間は『3期9年』になる。そう仮定してこの年末年始、永田町外の友人たちに聞いてみた。最初は『首相にも多少の時間は必要だよねえ』などという。だが『任期の終わりの2021年9月の時点で選挙権が生じる若者にすれば、小学校の3年生以来、首相といえば安倍首相しかみたことがない計算になる』と言うと、『え、そこまでか』と驚く。さらに『自民党大会のあるこの春でその9年の折り返し地点、半分だ。もう4年半たったということだけじゃないぞ』と聞くと、好悪は別にしてみな愕然とした表情になるのだ」

このコラムは、政権の仕事の質は、まるで問題にしていません。長いか、短いか、鮮度についてだけ、内閣の執権期間を問うている。

外国では、長期政権はあたりまえ。フランクリン・ルーズベルトは1933年から死去する1945年まで12年間米国大統領の職にありました。戦後のドイツではアデナウアー内閣が14年。コール首相にいたっては、西ドイツ時代に政権どりを果たして、その後東西ドイツ統一によるドイツ連邦共和国誕生後も引きつづきトップの座を占め、じつに16年もの超長期政権を誇った。ドイツがヨーロッパ連合（EU）の主役を占める地位に発展できたのも、この超長期政権の存在が大きく影響しているのはいうまでもありません。メルケル前首相にしても、歴代の長期政権の系譜のなかで遜色なく任期をかさねて頑張りました。「アイドル3年、総理1年」などと、首相をして自嘲せしめる日本の政界のほうがよほどおかしい。8年8カ月の安倍首相（第二次内閣）が退陣すると、外国の記者は早速いいました。

「また日本では、1年毎に内閣がかわる『回転ドア』が復活するのですか?」

日常生活のなかの鮮度

「生野菜」「生水」に「生ビール」「生酒」、それに「生菓子」「生チョコ」「生クリーム」「生ハム」「生肉」「生味噌」「生醤油（なまじょうゆ）（「きじょうゆ」とも）」――。

日本人の「生（なま）」信仰は、なにもいまに始まったことではないようです。2000年前の『魏志倭人伝』にも「倭の地は温暖、冬夏生菜を食す」と記しています。料理の活け作り。刺し身。街角に出没する屋台ですら、江戸時代から鮮度を売り物にしました。

いわゆる初物信仰も、この鮮度系の現象です。女房を質に入れても食べたいという初鰹は、まさにその典型。かつては「初物を食べると75日長生きできる」という説が本気で信じられていたとのこと。初鰹のほかに新茶、新大豆や新しょうがなど、いわゆる「旬」のものは現代でもしっかり人気をキープしています。

しかも「生」好きは食の領域だけにとどまらない。テレビの「生放送」「生撮り」「生中継」を視聴者は歓迎します。「生女子（なまおなご）」、「生娘（きむすめ）」「生足（なまあし）」なんてのもあります。また、著名な作家の「生原稿」、これは何年も前の古いもので鮮度と関係はないのですが……。

しかし、「生」がもつ鮮度のイメージに、日本人は吸い寄せられます。陳腐なもの、カビくさいもの、トウがたったものには魅力を感じない。敬して遠ざける。

季節、季節の節目に暮らしの意味を感じ、初冠雪、初雪、初氷など、毎年しかるべきニュース性をもって報じられています。

鮮度の落ちたものは穢れたもの。そういった受けとめ方は、古くからこの日本列島に広がっていました。わが国固有の宗教、神道が、穢れを忌む宗旨を大きな柱にしていることは周知のこと。伊勢神宮の20年ごとの遷宮、出雲大社の２０１３年に行われた60年ぶりの大遷宮なども、鮮度にむすびついた神事の大事業と理解することができます。

言葉の更新

テレビのＣＭ。ほとんどが数週間で新しい映像へ更新されます。国内企業の多くは同じＣＭを繰り返し流すことに、つよい抵抗感があるようです。同じＣＭに3度、4度と出会うと見飽きるにちがいない。スポンサーやＣＭ制作者は、そう思い込んでいるのでしょう。外資系企業の場合、これでもかこれでもかと同一のＣＭを、場合によっては数年も放映して、視聴者への徹底的な浸透を図っています。

日本では、言葉もすぐ陳腐化する傾向があります。たとえば「老人」という言葉。近ごろはほとんど使われません。まったく死語になったとまではいえませんが、現代の子供たちにとっては知らない言葉ではないでしょうか。「お年寄り」とか「高齢者」が、それにとって代わりました。いや、多様化して「年配者」「エルダー」「シルバー」「シニア」なども市民権を得て、新聞の紙面でもお目にかかるし、人々の口の端にのぼっています。

外来語を好んで導入するのも、鮮度と深いかかわりがあるでしょう。保存記録を「アーカイブ」、作業班、仕事の集団を「タスクフォース」、即時のことを「リアルタイム」、事例研究を「ケーススタディ」などがその例。「ミスマッチ」は不釣り合いの意であり、「バーチャル」は仮想、「コミュニケ」は共同声明。外来語のほうが広くゆきわたり、むしろ国語化しているといってもいいものが多い。

企業の役員に「CEO」（最高経営責任者）、「COO」（最高執行責任者）、「CFO」（最高財務責任者）、「CTO」（最高技術責任者）、「CIO」（最高情報責任者）などの役職名を名乗る人がいます。ひところ国内で「CEO兼社長兼会長」といった肩書を刷り込んだ名刺を持ち歩く人もいました。

集合住宅を「マンション」といったのは1960年代。ここでも鮮度追求があって、1970年代には「ハイツ」「ハイム」「コーポ」などが登場。その後も「テラス」だ、「コート」だ「レジデンス」「シャトー」だとしゃれました。鮮度のあるネーミングが不動産業を左右するのです。

第11章　宿命的な受動性

受け身の典型、開国

ペリーの黒船来航が、鎖国政策を200年以上にわたってつづけた江戸幕府を動かし、実現した開国。これは外からの圧力によるもので、明らかに受け身の決断です。その後、西欧に伍するための近代化、富国強兵策など、一見、日本の主体的な政策決定のようにみえますが、どこか受け身のニオイがします。欧米文化を受け入れるというのは、世界の政治、経済、文化の主流を西欧が占めているから余儀なくその流れに加わるというもので、そこにあるのは日本の限定的な主導性です。

また日清戦争にしても、日露戦争にしても、清やロシアの挑発や圧力を受けて日本が立ち上がったものです。最初の開国が受動的で、その後の動きもほとんど受動的のようにみえてしまう。実際、日本の政策の実質は、西欧を主体として、それを追うという行き方をとりつづけたのであり、主動的ではなく受動的というべきです。

もっと大きな見方をすると、「鎖国」そのものが受け身政策の所産ということができます。

ヨーロッパでは大航海時代を迎えて世界にそのウイングを広げていったころ、日本ではそうした動きに背を向けて、国際政治や海外との貿易、交流を絶ってしまった。積極的に外へ出ていくことを避け、内側に籠もる生き方を選択したのです。

憲法からして受け身

最近、憲法改正が大きな政治課題として浮上していますが、他国が主導してつくった、つまり受け身の憲法を70年近くもいただいています。

昭和21年11月3日制定、翌22年5月3日施行の「日本国憲法」前文には、次の文言があります。

「日本国民は、恒久の平和を念願し、人間相互の関係を支配する崇高な理想を深く自覚するのであつて、平和を愛する諸国民の公正と信義に信頼して、われらの安全と生存を保持しようと決意した。われらは、平和を維持し、専制と隷従、圧迫と偏狭を地上から永遠に除去しようと努めてゐる国際社会において、名誉ある地位を占めたいと思ふ。」

「平和を愛する諸国民の公正と信義に信頼して……」と、あくまで他力本願。必ずしも平和を愛する国民ばかりとは限らないのが世界の現実で、堂々と反日教育に多くの人とカネをつぎ込んだり、欧米まで出かけていって、日本のあることないことを大声で叫んでいる国もあります。

「『反日』を愛する諸国民」がいるにもかかわらず、彼らを信頼してわれらの安全と生存を保持する決意だというなら、これはもう「受け身」を通り越して狂気の沙汰というしかありません。しかも「国際社会において、名誉ある地位を占めたい……」とあります。「名誉ある地位」など、他国の評価に待つものなのでしょうか。自分から、敢然と「名誉ある地位を占めよう」というべきものではないのでしょうか。

外交の受動性

これまで北朝鮮の非核化をめぐる6カ国協議は、間欠的におこなわれてきました。日本、米国、韓国、中国、ロシア、そして北朝鮮の6カ国。協議を終えて、日本の担当者が記者団に囲まれると、開口一番、「米国、韓国などとよく連携して……」というのが、ほとんど慣例になっています。まず「連携」を強調する。そのことにコメントする担当の日本政府も、取材する記者たちも、とくに違和感をもたないようです。

日本は、北朝鮮との間に拉致問題を抱えています。被害国であり、それを解決しなければならない当事者です。だから、協議に関しては最初にまず日本の主体的な立場を明らかにするコメントが出なければならない。なにはさておき、真っ先に語らねばならないのは日本の考え方です。6カ国協議にのぞむ日本の意思をどう表明するのか、なにを強調するのか。ところが、実際には「連携」「連携」の連発。これでは、日本外交は受け身以外、なにもないことになります。

このようなコメントしかできない協議担当者は、その協議の席上でも、積極的な発言をしていないのではないかとさえ危惧されます。ただ協議の雰囲気を壊さぬよう、なごやかに会議を終えたのではないか。心ある国民は、そう推測してしまう。その結果、国民は北朝鮮の非核化や拉致問題の対応について、いささかの希望ももつことができないまま、何十年も過ごすことになっているのです。

なにも6カ国協議に限りません。たいていの国際会議のあとの会見で、日本外交の主体的意思が語られることはまれ。残念ながら、日本の受動性が基底にあるがための〝惨状〟といわざるをえません。

「存在感」という呪縛

「成長率鈍化で薄れる日本の存在感」
「米中接近で日本の存在感が懸念」
「中国の存在感の陰で日本がかすむ」
「アジアにおける日本の存在感とは」

わが国のメディアは、とにかく「存在感」が好きです。新聞の紙面に視線を落として、ひところ「存在感」の活字のない日のほうが珍しかった時期がありました。

メディアには自分自身に発信力があるのですから、「存在感」が低下する、その懸念があるというときには、自分たちメディアの力でカバーして反転攻勢に出ればいい。海外に、どんどん日本の存在感を主張すればいい。それをしないで、他のだれかが「存在感」を高めてくれるのを待っている。本質的にメディアが受動的なのです。

日本のメディアには、そもそもメディア自身が受け身になっているという自覚がないのでしょう。あるなら、あれほど毎日のように「存在感がない」「存在感が薄れた」などとは、恥ずかしくて書けないはずです。

日本語のなかの受け身ことば

才女、呉善花さん（拓殖大学教授）が興味ある指摘をしています。

「他の外国語と比較してみれば一目瞭然で、日本語では圧倒的な頻度で受け身形が使われています」

とし、「先生に叱られた」「女房に逃げられた」「泥棒に入られた」「君には辞めてもらう」「帰らせてもらいます」「働かせていただきます」「頑張ってもらいたい」などを列挙しています。

渡辺淳一の『失楽園』にある、女が「死にたい」というと、男が「まだあなたに死なれたくない」という件（くだり）に呉さんは衝撃を受け、「この『死なれる』という受け身形のつくり方は、世界的にも空前絶後、日本語以外にはあり得ない表現ではないかと思います」（『日本人を冒険する』）と書いています。通常の国では、「あなたが死ぬと私が困る」と能動的な表現がふつうで、『あなたに死なれると困る』と言われれば、私の死を突き放しているような感じで冷たく感じると思います」と説明しています。

そのうえで、呉さんはこう主張する。

「世界的に言えば、なぜわざわざ受け身形でいおうとするのか、なにかそこに独特の心理があると思わざるをえないのです」

しかも日本語の受け身語は、しばしば敬語と混同されます。

「こんど△△デパートへ行かれたら、4階のフロアをのぞいてみられたらいいですよ。すてきな企画ものが並べられていますから……」

などという。どれが受け身で、どれが敬語か、聞いていてこんがらがってしまう。話すほうもよく分からない。が、日本人はあんまり気にしない。敬語も受け身語も、混沌としているかららいい、といった理解のようです。

受動性の延長「引き算の文化」

呉善花さんはもう一つ、日本社会のなかの特徴として「引き算の文化」というのを挙げています。

それで思い出すのが、民主党政権が主唱した「最小不幸社会の構築」。こういうフレーズを一国のトップである総理の立場で掲げるのはきわめてユニーク。これを聞いて夢も希望も失ったという声があがったのは至極当然です。国民を引っ張る立場の一国のトップが口にするには、あまりにも適切さを欠いている。このことば自体は、受け身形でもなんでもないのですが、考え方は「引き算」の思想、受動的といえるでしょう。

「引き算の文化」から連想されるものとして、日本社会に「ない、ない言葉」があふれていること。これがまた、想像以上に頻出します。この種の言葉は、受動的とはいえなくても、受動性と類縁関係にあることばと理解していいのではないかと考えます。

「もったいない」「みっともない」「だらしない」「はしたない」「かたじけない」「途方もない」「とてつもない」「仕方ない」「しょうがない」「申し訳ない」「すまない」「面目ない」「えげつない」「心もとない」「はてしない」「とんでもない」「気が気でない」「際限ない」「関係ない」「つれない」「つまらない」「はかない」「しがない」「たわいない」「たまらない」「とりとめのない」――。

まだまだありますが、きりがないのでこのあたりでやめておきます。ここにも、日本人の特異性を見いだすことができるでしょう。

第12章　みっともない甘え大国

神様にも甘える

善男善女が願いごとを書き込んで、神社や寺院に奉納する絵馬。

わが国では、古代、馬は神の乗り物で、埴輪の馬が多数献上されました。また天武天皇が皇子時代、壬申の乱で生きた馬を神武天皇陵に献納したことが『日本書紀』に記されています。また『続日本紀（しょくにほんぎ）』にも雨乞い祈願に黒毛の馬を、逆に長い雨がつづいて農作物の実りが心配されたときには、陽乞（ひ）い祈願に白毛の馬を、それぞれ献上したという記録があります。

そうした時代と並行して、生馬の代わりに実物大の馬を象った木製の形代馬を奉納する風もあり、それが簡略化されて立板馬となり、さらに小型の絵馬に変化しました。庶民が願いごとを文字で書く現在のような絵馬になったのは、比較的新しいといわれています。

「近代以降になると、とくに日清、日露、第二次世界大戦などを契機として、描かれる絵馬から文字を通じて絵馬を奉納することが主流になってきている」（西海賢二著『絵馬に見る民衆の祈りとかたち』）

その絵馬に書かれる祈り。日本人の気持ちが素朴に、素直に表現されているものとして、特別留意していいのではないでしょうか。

「△△高校合格できますように」「〇〇大学へ希望通り進学できますように」

「学業成就　合格祈願」「希望高校に無事合格しますように」

「成績が上がりますようにお願いします」「資格試験合格しますように」

「あたまがよくなりますように」「学年末テスト生徒会長頑張ります」

入学試験や各種テストの合格祈願が圧倒的。まれに「ともだちたくさんつくりたい」「みな健康でありますように」といった絵馬に出会うこともあります。

「世界がいつまでも平和でありますように」など公的な祈願といえるものには、まずめったにお目にかかれません。また合格祈願をしたあと、その後のお礼の絵馬もほとんどありません。祈って、そのまま。甘えの体質をよくうかがうことができます。

西欧からすると、このような絵馬は、じつにムシのいい祈りということになります。キリスト教文化でも神への祈願はありますが、それは神との契約になるのが一般的。わたしはいま現在、これこれこういう仕事を成就させたいと努力しています。イエスのご加護をえて完遂することができた暁には、必ずこれこれの寄付をして報います。こんな内容の祈りになるのがふつうです。自立した精神が基底にあれば、動に対しては動で応える。それがあまりにも当然。ボランティア活動の発展にも、こうした神との契約の精神がバックボーンになっているのです。

医者通い、薬漬け

日本人の医者通い、薬漬けは世界的にもよく知られています。

コロナ禍以前ですが、ＯＥＣＤ（経済協力開発機構）の発表によると、日本人の医療受診回数は国民一人当たり年間平均14・4回。英国の5回の約3倍、スウェーデンの2・5回の6倍弱。ＯＥＣＤ平均（つまり先進国平均）の2・2倍となっています。日本の国民皆保険制度が機能していることが背景にあってのことですが、しかしスウェーデンも医療保険制度は完備しています。この差は、やはり困ったとき、病んだとき、すぐ他にすがる甘えとかかわりがあると考えて差し支えないでしょう。

日本人の薬漬けも世界一の定評があります。サプリメントの購入額は1人当たり年間平均6400円。これはサプリ好きとして知られるアメリカ人のそれより3割ほど多く、イタリア人の2倍強、ドイツ人の3倍強、フランス人の5倍となっています。1人で8種類も10種類も飲んでいるケースも珍しくありません。なにかというと、すぐ119番の救急車を呼ぶのも、同じく甘え、他人依存のケースが多いとみることができます。

偉くなりたくない

未成年のままがいい。甘えられるから。

法改正により18歳で成年になることになりましたが、がっくりきた少年たちが少なくなかったのではないでしょうか。

欧米では、未成年なるがゆえの規制があります。自由の制約がある。だから、はやく成年に達して独立し、自由を謳歌したいと考える。日本では、周囲が甘い特典を許すから、できるだけ未成年でいたいと願う。大人は「憧れの対象」ではないのです。

「社長にも、課長にもなりたくない」

「偉くなると責任ばかり大きくなって、自由が利かない」

「リーダーになるのはごめん。一度だけの人生を楽しくやりたい」

会社に勤めても役職に就きたくない。部長、課長になっても重荷に耐えかね、降格して平社員、平職員になることを志願する人もいます。

数年前の財団法人・日本青少年研究所による日本、米国、中国、韓国4カ国の高校生を対象にした意識調査では、日本の「偉くなりたい」が超低率。逆に「そこそこの収入で、のんびり暮らしたい」と回答した高校生は、米国が13・8%、中国が17・8%、次いで韓国が21・6%、日本は42・9%。ここでもダントツの甘えん坊ぶりが浮き彫りになっています。

「一流大学に進学したい」も日本が最下位。ヘタに競争して身をやつしたくない、といった考えに傾く若者が目立ってきました。受験地獄は、いまや昔。烈しい受験競争は、秀才グループに限られた特殊な風景になっているようです。

以前から小中学生時代、クラス委員になることを希望する児童、生徒が少なくなっていることが指摘されていました。クラスのために駆け回って世話をするのは、労多くしてメリットが少ない。それどころか、クラスの悪ガキにこき使われていじめられるのが関の山。そういった受け取り方が、子供たちの間に広がっているようです。この延長線上に「偉くなりたくない」という意識も育つことになるわけ。こうした若者が社会人になっても自立したことにはならず、半自立状態で生きることになります。

有名な大企業に寄りかかろうと考える若者は依然多い。自立精神をもって仕事に取り組むということができない。若者のベンチャー起業などは敬遠される。世界69カ国を対象にした「起業家精神に関する調査」（２０１２年版）が、世界の大学やシンクタンクで構成するグローバル・アントレプレナーシップ・モニターによっておこなわれました。無作為に抽出した被調査者に「ビジネスを始めたか、始めようと準備しているか」との質問に対して「イエス」と回答したのは、日本は４％。これも69カ国の最下位でした。中国は13％、シンガポール12％。当時、経済好調のタイが18・９％で、アジア主要国で首位。

「起業に要するノウハウ、能力、経験があるか」の問いにも、「イエス」と答えた日本人は９％に過ぎません。「自立」とは、「生きる」と同義語。いかに日本人の自立志向は弱いか、その分だけ、いかに甘えて生きる、半身で生きるかが明らかになってきます。

降りる教育、引き上げる教育

日本では、赤ちゃんことばで「アバババー」とあやす。「あんよ」「ねんね」「ワンワン」「イタイ、イタイ、とんでけー」「バッチイよ」「ハイハイする」など、赤ちゃん専用のことばがいくつもあります。大人が嬰児のところに降りていって話す、嬰児本位の話しかけをする。

しかし米国には、こんなことばは少ない。嬰児に対しても、大人のことばで話します。早く成長してほしい、自立してほしいため、引き上げる躾（しつけ）と教育をする。7、8歳の男の子には、あえて背広を着せてネクタイを結ばせる。それも一人前の人間としての意識を子供本人がもつことを願ってのことです。目先、かわいい、かわいいと溺愛して、いつまでも赤ん坊や幼児のままでいてほしいとは考えない。かわいいからこそ、突き放して世の厳しさを体に教え込む躾、教育があるのです。

日本では赤ちゃんが泣くと、一家が心配してそばに集まる。

「おなかが空いたんだ、オッパイ飲ませなくちゃ」

犬は吠えるしかできない。同様に、嬰児は泣くすべしか知らない。寒いとき、暑いとき、夜がこわいとき、親がいないとき、なんだって泣いちゃう。それをすべて「おなかが空いたんだ」で対応するから、赤ちゃんはまるまる太っていくしかない。日本人と結婚して夫の両親と同居したアメリカ人女性は、日本での育児体験をこのように語っています。

２０００年に家庭での躾に関する国際比較調査が日本、韓国、米国、英国、ドイツの5カ国の児童生徒を対象におこなわれました。

「最近1年間に母親から『うそをつかないようにしなさい』といわれたか?」

という質問に、米国は50%、英国49%、韓国42%が「Ｙｅｓ」。それに対して日本はわずか12%。

「弱いものいじめをしないよう親からいわれたか?」

には、「よくいわれる」が英国で最も高く、父親から34%、母親から36%。日本では父親から9%、母親から11%。

「家のなかの掃除や整頓を手伝うか?」

に「いつも手伝っている」と答えたのは、日本の子供は9%、韓国24%、米国43%、英国23%、ドイツ14%。これでは日本の家庭に躾はほとんどないにひとしい。


ではなぜ、こうなるのか。

一つには、「親が苦労して育ったから、子供にはつらい目にあわせたくない」という溺愛主義。2番目には、子供には親が干渉せずのびのび育てるのが一番という「生なり文化」の伝統からくる躾観。「わが家では、子供の自主性を尊重して自由に成長することを願っていますから……」などといって親は胸を張ります。高学歴の自称エリートや著名人の家庭が、この弊(へい)に陥っているケースが目立ちます。3番目には、親が躾の能力をもっていないケース。親自身が、躾らしい躾もなく育って、躾の実質を知らない。それでいて、実際に躾が子供にとって必要だと分かると、こうした親は「幼稚園や小・中学校がなぜやらないのか」と教師にくってかかる。つまりモンスター・ペアレントに豹変するのです。

欧米にはない「甘え」

「甘えを英訳すると、アナトミー・オブ・インダルジェント・ディペンデンスになる」

これは、かつて多摩大学学長だったグレゴリー・クラークさんの説明です。

英語には、このほか「fawn upon」が、犬がやけに尻尾を振って飼い主にじゃれつくさまを表現します。これが向こうの「甘え」といえば「甘え」。一人ひとりが自立した社会では、甘えた行為は市民権を得ることができないのです。

よちよち歩きの1~2歳の幼児が路上で転ぶと、日本人はすぐ駆け寄って抱え起こそうとします。ところが、ヨーロッパの場合、そんな日本人に親が大声を上げる。

「ほって置いて！　自分で立ち上がる習慣をつけなくちゃならないから！」

人生、まず自立。なにより、まず自立。だから、まともな家庭である限り、幼児のころから徹底して自立のための躾をします。

アメリカで少年が新聞配達に精をだしている。それをみた日本人は、

「幼いのに、大丈夫かしら？　家庭が裕福でないせいでしょうね」

と憐憫の目を向けます。

しかし、アメリカではゆとりのある家庭でも、わが子が自分の買いたいものを自分の稼ぎで手にするのは当然と考える。自立の魂を幼少期から養うことは躾、教育の第一歩であり中核です。新聞配達の少年は、いささかも哀れな存在ではなく、自立心を培いつつある姿なのです。

第13章　みんなと渡ればこわくない―同調と同化

横並びの心地よさ

街を歩いていると、長い行列に出会った。ちょっと、最後尾について並んでみよう。すぐ前の人に尋ねてみた。

「この行列、みんな何を待ってるんですか？」

「いやぁ、先頭は何をしてるのでしょう？　分からないけど、並んだのです」

との答え。うまいラーメンの店か、珍しい家電製品の新発売か。見当がつかないけど、行列は無視できない。とにかく並んで、一面識もない人同士、話してもいい、話さなくても結構。そんな自由な時を過ごす。横並び、同調を共有することで、なんとなく気持ちが安まるのです。

コロナ・ウイルス感染防止のため、マスク着用は必須のことになりましたが、２０２０年夏、ある社会心理学専攻の大学教授が「なぜ、あなたはマスクを着けるのですか？」とアンケート調査をしました。すると、その結果出てきたのが「みんなが着けているから」という回答が圧倒的に多かった。「感染を防ぎたい」「感染の不安をやわらげたい」がそれにつづいたものの、「他人に感染させたくないから」の回答はゼロ。

某新聞社の調査でも、マスク着用の動機を「人の目が気になるから」とした人が35％前後。着用していないのをみると「モヤモヤする」と答えた人が、じつに75％を占めました。同調しない人に対して排撃寸前の心境になっている。

これで分かるように、周囲と同調する、外の目を気にするのは、日本人の習性の一つです。同調・同化現象は、必ずしも日本人だけの独占的特性とはいえませんが、ただ日本人はこの傾向がよりつよく、より濃い。それは与えられた環境への順応志向が他よりつよいからであり、また「和」至上主義が通底しているからでしょう。群れ社会の協調至上主義の裏側に当たるものが、この同調・同化という特性といえます。

「空気」という怪物

日本の社会を支配する「空気」。「雰囲気」とも呼ばれることもあるし、ときには「時代」ということばに置き換えられることもあります。つかみどころのない怪物とみられるシロモノです。私たち日本人は、これを完全に無視して生きるのは非常に難かしい。

1941年の暮れ、太平洋戦争開戦を決断するための陸海軍将官によるトップ会議が開かれました。戦後これを回顧して、出席者の一人が次のように述べています。

「あのとき開戦反対など、とてもできる空気ではなかった」

「空気」が国の運命を決したわけで、『「空気」』とは、まことに大きな絶対権をもった妖怪である」と評論家、山本七平さんが書いているのも頷けます。

敗色が濃くなった1945年春、日本海軍のシンボル「戦艦大和」が出撃し、あえなく撃沈されました。この件を、やはり戦後、海軍軍令部次長だった小沢治三郎元中将が総括しています。

「全般の空気よりして、当時も今日も、大和の特攻出撃は当然と思う」

現代の国政でも、この「空気」の支配力は変わっていません。「民意」といったり「総意」といったり、装いを新たにしてはいますが……。

遺骨運び

前述の山本七平さんに『「空気」の研究』という著作があります。そこにイスラエルでの遺跡調査に当たった日本人の話がでてきます。

調査中、発掘作業班は突然、たくさんの人骨を発見、大量の髑髏(しゃれこうべ)の出土に出会いました。

作業班のなかの日本人２人は現地のユダヤ人とともに、これらの髑髏を別の離れた場所に運び出すことになり、その作業だけで１週間も要したといいます。ところが、その作業がつづくうち、ユダヤ人は平気な顔をしている一方で、日本人は２人とも次第に体に異常を訴えるようになりました。どうやら髑髏のもつ毒気に当たったたようです。もっとも、その作業が終わると、ともにケロッと正常に戻りましたが……。

ユダヤ人には影響のないものが、日本人にはひどい変調をもたらす。日本人だけが妙な感受性をもっていることになります。山本さんは「この二人に必要だったのは、どうやら〝おはらい〟だったらしい。実をいうと二人ともクリスチャンであったのだが……」と書き、さらに「おそらく、これが『空気の基本型』である」と記しています。

環境というか、そのときどきの状況が日本人には強い影響を与えるのです。逆にいうと、日本人は環境や状況にスムーズになじむ、適応するということでもあるのです。人骨運びは、やはり異常な状況です。だから、この日本人２人は病人もどきに陥ってしまった。空気に弱い、このようなキャラクターをもつのが、この２人だけではなく、大多数の日本人なのです。

テレビCMへの同化

若者が話すことばのスピードが目に見えて速くなったのは、昭和40年代前半のことでした。そのなかでも、とくに若い女性の言葉が加速しました。

「ハハーン、これはテレビのコマーシャルの影響だな」

１９６４年（昭和39年）、東京オリンピックを経てテレビの普及は一気にすすみ、日本人の生活のなかにテレビが大きな顔をして居すわってしまいました。どこの家庭でも、その主役はテレビという時代。テレビから流れるＣＭのフレーズは支配的で、レナウンの「イエイエ」とか、フジカの「ワタシニモ、ウツセマス」などのヒットＣＭが風靡した１９６０年代半ばのことです。10数秒というきわめて限られた時間に詰め込むＣＭのキャッチコピーは、その短時間に、できるだけ多くの情報を盛り込んで視聴者に訴えます。どうしても早口にならざるをえません。こうしたＣＭのフレーズのリズムが、社会全体に影響を与えて視聴者の早口傾向を生んでいったのです。テレビの黎明期ですから、人々のＣＭへの同化ぶりも顕著でした。

電車のなかで女性が化粧したり、若者がものを食べたりするのも、ＣＭになじんで同調・同化する現象です。

小学校の校長が「ドはドクロのド、レは霊柩車のレ、ミはミイラのミ……」という替え歌を児童に聞かせて、「なんたる不祥事！」と新聞の社会面を騒がせたことがありました。これとてもテレビのおふざけに悪乗りした同化の一つで、校長先生といえどもテレビの影響圏外にいることはできなかったのです。

「時代」ということば

京大教授の中西輝政氏の著書『国民の文明史』のなかに、次のような一節があります。

「大正という時代に入った途端に、不思議なほどに大きな時代相の転換があらわになる。その、あまりに急激な変貌ぶりを見れば、それが明治の末期から準備されていた一つの文明史的プロセスの浮上と言うように理解する必要があろう。しかしたしかに、明治から大正へと言う『元号の交代』が、日本人の心に何か決定的な作用を及ぼしたことも否定できない事実である。」

江戸期は「お上」、明治維新は「文明開化」や「舶来」「洋行」、昭和は「帝国」「軍隊」「銃後」、そして戦後は「アメリカ」「平和」「民主主義」……。日本人はいつのころも「時代」を象徴することばにめっぽう弱いところがあります。意識的、あるいは無意識的に時代に適応し、時代に同化するのです。

かつて「韓流ブーム」おばさんたちをみて、

「これも時代の反映なんでしょうね」

と男たちは嘆息まじりに話していました。

ライブドアのホリエモンこと、堀江貴文氏が、かつて世間の注目を集めました。彼は「人の心はカネで買える」といい切った人ですが、そういうホリエモンを、

「彼は時代の寵児。新しい時代の息吹を感じる」

と当時の首相がもちあげ、彼を国政選挙に出馬させました。「時代」は、この国の首相さえも振り回す魔力をもっています。

またTVのCMの話ですが、ガッツ石松さんが思うように操作できず悪戦苦闘しているパソコンを投げつけて叫びます。「むかしはなっ、（こんなものなくたって）汗と笑顔でどんな困難も乗り切ったんだ！」。すると、そばの娘が、「時代がちがうの！　時代が！」。石松さんは「時代」と聞いたとたん、全身から力が抜けてへたり込みます。

まさに「時代」ということばには逆らえない。あがらうことができない。「このモンドコロが目にはいらぬか！」と叫ぶ水戸黄門さまの付け人、助さん、格さんが不逞の役人たちを懲らしめるときの、あの葵の御紋と同じなのが、この「時代」です。

第14章　視野狭窄という名の宿痾

「一」の美学

日本人ほど「一」の字が好きな民族はいないのではないかと思うほど、この社会は「一」を多用しています。

「一生懸命」生きる。「一途」に精進する。「一心不乱」に頑張る。「一意専心」業務に邁進する。「一歩一歩」積みかさねる。煩わしい「一件」を「一手」に引き受け、「一策」を講じて「一気呵成」に処理する。「一同」が「一堂」に会して討議、「一致結束」、「一丸」となって当たる。ライバルと「一戦」交えなければならないが、「一敗」地にまみれる恐れもあって「衆議一決」とはならない。「一見識」を披露する者、「頑固一徹」自説に固執する者、「一風」変わった意見を述べる者、さらには「一言居士」もいて、それらがいずれも「一理」あるので、「一知半解」な意見だといって「一蹴」するわけにもいかない。それぞれ「一長一短」があって「一目」おかねばならないが、「一夜」、「一か八か」、「一念発起」して決断することになった。はなはだ拙いけど、こんな文章がたちどころに書けるほど、日本の社会は「一」だらけ、「一」まみれです。

よくよく考えてみると、われわれは「一心不乱」「一生懸命」の生き方につよく感動する性向があるようです。「一点集中」に美しさがある。「一」には、日本人が普遍的に共感できる美学がある。ひたすら「一本気」に、先にも後ろにも視線を向けず、突き進む。

しかし、じつはそこに小さくない陥穽がひそんでいるのです。視野狭窄という陥穽です。

他国のノーベル賞学者は無視

2012年12月、スウェーデンのストックホルム市で、iPS細胞を開発してノーベル生理学・医学賞を受賞した京都大学の山中伸弥教授の記念講演がおこなわれました。山中教授は医師かけ出しの若いころ手術がどうにもヘタで、やむなく研究者の道を選択したという話をユーモラスに披露し、実験で仮説と異なる結果がでると無性にうれしかった体験を語っていました。それが研究をつづけるエネルギーになったともいい、周囲の励まし、さらに「予想もしない、新しい課題を与えてくれた自然そのものも、わたしの恩師です」と述べたのが印象的でした。しかし、山中教授と同時受賞の英国ケンブリッジ大学のジョン・ガードン博士の記念講演については、いっさい報道がなく、テレビカメラもガードン博士を追った形跡はまったくありません。

近年、日本人学者のノーベル賞受賞が相次いでいます。２００８年には物理学賞３人、化学賞１人と一気に４人の受賞者を出し、また２０１４年にも３人の物理学賞受賞がありました。

２０２１年も、アメリカ国籍でしたが愛媛県出身の真鍋淑郎氏が物理学賞を受賞。ただ、ノーベル賞受賞に関してはいつもそうですが、わが国の受賞者のみの報道にとどまるのです。外国人の受賞者については、まるで関心がないといった状況で、まさに日本の報道機関の視野狭窄ぶりを示す典型になっています。

ノーベル賞は、いまさらいうまでもなく北欧スウェーデンのアルフレッド・Ｂ・ノーベルの遺言をもとに設立されたノーベル財団が、経済学、物理学、生理学・医学、文学、平和の各分野で世界に貢献した人々に贈る賞で、世界的に権威のあるもの。日本人の受賞者がでた年だけ大騒ぎをするのではなく、海外の受賞者についても丹念な取材をベースに、分かりやすく親しみやすい記事や映像を流すべきでしょう。

いうなれば世界の文化財でもある受賞者。彼らの記念講演や肩の凝らないコメントはきわめて貴重な発言で、日本でも多くの人たちがそれらによって知的触発されるはずです。そうした知る権利にメディアは応えていない。ひいては若い世代の刺激剤にもなる機会を捨てていることになります。

「世界」を欠くスポーツ報道

日本国内でマラソン大会が頻繁におこなわれていますが、そこにはたいてい数人の外国人選手が招待されて出場しています。彼らは、もともと走る実績をもち、世界的にもすでに名をなした選手ばかり。それだけに日本での大会でも上位を占める活躍をみせてくれます。

ところが、マラソン中継のTVカメラは、優勝した外国人選手についてほんのちょっと申しわけ程度に月桂冠をかぶった映像を流しますが、日本人選手のなかの1位を追うのに忙しい。外国人の2位、3位に至ってはほとんど無視。招待選手に対して、まことに礼を失する対応になっています。ここにも「世界」がない日本の取材側の視野狭窄ぶりがみられ、海外でこうした日本の映像をみる人々は、日本人のエスノセントリズム（自民族中心主義）ぶりに深く失望してしまうことになります。

他のスポーツ種目の国際試合でも、カメラは日本人だけに向けられます。たとえばバレーボールの実況放送。映像は日本人のスター選手ばかりを執拗に追い、その一挙手一投足を捉えて流します。監督の表情をクローズアップするのは、ほとんど日本チームに限られる。戦況は時々刻々変化をみせているなかで、相手チームの監督、中心選手の感情の動きなど、スポーツ中継をみる者にとっては貴重な情報です。試合全体の趨勢を読むうえで、また対戦するチームのカラーや所属する国のお国柄、気質などを知る手がかりをつかむ点でも、対戦側の映像は大事なのです。

また中継担当のアナは、外国チームについて情報をほとんどもっていません。外国からチームを招待して国際試合の実況を放映するからには、あらかじめそれらの国のチームについての突っ込んだ情報をしっかり収集しておくのは招待する側の礼儀といえます。それを怠るから、日本チームについてだけ、それも解説ともいえないような空虚な話をくどくど繰り返す結果になっています。視野が、どこまでも限定的になっているためです。

歴史も視野に入らない

日本人の視野狭窄は、空間的なものにとどまりません。歴史的な、また未来的なものをみる視界でも、緑内障のような症状を呈しています。

つい半世紀ほど前まで、江戸時代は前近代であって、そこから学ぶものはないという受け取り方が主流でした。昭和50年前後になって、ようやく江戸文化の見直し気運が生まれてきたのです。縄文時代に至っては、未開で野蛮、切り捨てるべし、「縄文人など泥のなかを這っているクモのようなものだ」といった蔑視観が強く、「土蜘蛛（つちぐも）史観」が横行。これはいま現代にも一部引き継がれています。自分たちの祖先についてすら、真っ当な評価ができない。戦後になっても「縄文時代は教えなくてもよい」と文部省（現・文部科学省）の指導要領書に書いていたほどです。

歴史を切り離す。明治維新直後に、そうした風潮がこの国全土を覆いました。

「わが国に歴史はない。これから始まるのだ」

明治初期、政府の幹部がこう発言したら、聞いていたエルウィン・ベルツ博士は、

「自国の歴史評価が正しくできない国に未来はない」

と批判したという話は有名です。

近代化のためには、江戸以前はすべて邪魔だと考えた。いわんや縄文人など考えたくもない。そういったスタンスが日本の近現代の実態だったのです。

人は歴史から逃れることはできません。自分たちの祖先は、いま、自分の血のなかに生きている。ごく当然の理屈です。当然の理屈を、視野狭窄が無視するのです。過去の歴史に疎い者は、未来予見性も欠きます。これもまた当然の理屈です。

第15章　あいまいに流れる—不決断

シュート率は世界最下位

日本のサッカーは、年々力をつけて、みごとに洗練されてきました。パスもドリブルも俊敏にこなし、持ち味の組織力にも一層磨きがかかってきています。

ところが、ひと昔前はこうではなかった。横パスを多用し、ゴール前まで肉迫しても、シュートをためらう。ひどいケースでは、だれもいない裸になった相手のゴールに、どうしたことかシュート・ミスをしてしまう。肝心の得点力が、ひどく乏しかったものです。日本代表が初めてW杯に出場した1998年のフランス大会では、55本のシュートを放ちながら、得点したのはジャマイカ戦のわずか1点だけ。出場32チーム中、シュート率はダントツの最下位。そのあと、この得点力はかなり進化しましたが、2014年のブラジル大会では、焦って焦ってムダなシュートばかりを繰り返し、自沈してしまった。また2022年カタール大会では、悲願の8強入りをめざした対クロアチア戦を互角に戦いながら、結局は涙を呑みました。最後のPK戦に立った日本側の4人中、1人だけがシュートに成功、あとの3人は不首尾に終わったのです。ＰＫのキッカーは猛烈な孤独感と瀬戸際の重圧に耐え、一瞬に強靭な覚悟を込めた決断の蹴りを果たさねばなりません。通常の試合でピッチに展開するチームのキックと孤独なＰＫのキックとは、決断に本質的なちがいがあるのかもしれませんが、やはり日本人の決断力には問題があるということになります。

２００６年のドイツ大会で、日本イレブンを率いて戦ったジーコ監督が残した言葉があります。

「日本代表には、ゴール前のセンスがない」

いざというゴールチャンスで、一瞬の決断を欠き、萎縮してしまう。プレッシャーで自滅する。これは、なにもサッカーだけに限りません。日本の社会のあらゆるところに広くみられる現象で、大袈裟にいえば日本社会の病理、負の特性の一つというべきものです。

突出して少ないベンチャー

事業を新たに起こすとなると、だれしも相当の決断を求められます。さまざまな起業条件を分析評価して、嵐の海のなかに向かって敢然と船出していかねばなりません。「アドベンチャー（冒険）」から「ベンチャー・キャピトル」といったことばが生まれたゆえんです。

決断が必要な局面を、できることなら避けたい傾向の日本人には、このベンチャー・マインドが世界的にみてかなり弱い。起業数が突出して少ないのです。

２０１５年時点でのＧＥＭ（グローバル・アントレプレナーシップ・モニター）の調査では、総人口に対する起業家の比率が中国は９％超。アメリカが約７％。台湾が５％前後。それが日本では３％に過ぎません。日本は「起業して失敗することに対する恐れが、他国に比べきわめてつよい」とＧＥＭは報告しています。

そもそも「寄らば大樹」で、頭から起業など考えもしない人が多いなかで、近ごろ、大企業の限界説もあって、マスコミなど起業ブームを囃すものだから、ならばと立ち上がろうとはするものの、石橋をたたいて、結局は渡らないといったケースが目立ちます。

そうしたなかの小数例の日本のベンチャーをよくみると、大企業の傘下での開業が相当の比重を占めている。これは、純粋なベンチャーとはいえないのではないでしょうか。

エリートたちの不決断

その大企業にしても、かつて総花的な事業部制でした。決断を先延ばしして、いつのまにか結果として「総花」になったというケースが多いようです。いわゆる「選択と集中」ができない。「総花主義」は何でもできて、何もできない。不決断の証しともいえなくないのです。

とくにエリートに不決断のケースが目立ちます。失敗したらキャリアに傷がつく。営々として築いてきた栄光のキャリア。それに依存してリスクをとらない。前例を踏襲するのをシステム化しているキャリアは、ゴマンといますが……。

日本の企業は、「ボトムアップ方式」をとっているのが一般的です。「トップダウン方式」の対語です。民主的で、社内の声を聞いてトップが判断するというボトムアップ・システム。しかし、それが結果的にはトップの決断力と責任感を薄め、社内全員の責任にしてしまう方式になっている。トップダウンでは、トップが孤独のうちに決断して一身で全責任を負う。トップも、なんども苦しい決断をかさねて成長します。が、「ボトムアップ方式」には、そうしたトップの成長の妨げになる側面があります。

米国高官が体験した「決められない日本」

２０１１年3月11日発生の東日本大震災。マグニチュード8・9の地震と大津波に襲われて、東京電力・福島第1原子力発電所は、原子炉の炉心熔融という歴史的な危機に直面しました。津波をかぶって原子炉の冷却装置が機能停止し、東電は必死に対応しました。

この事故の直後、アメリカはすぐ米軍を中心に反応し、「こういう支援なら可能だ」と品目リストを日本政府に送ってきました。ところが、「ヘリを何台貸してくれ」といった回答ではなく、「そのヘリはどんな仕様か？　もし放射能で汚染されたら、どんな補償が必要か？」など１００項目に及ぶ質問が返ってきたと、当時米国務省のケビン・メア日本部長は語っています。

「（一刻を争う場面で）彼らはもし問題が起きたとき、自分たちがその責任をとることをおそれて、何も決めようとはしなかった。まさに決断ができないのです」

不決断という日本人の致命的な欠陥は、当時の内閣の特殊性からだと、すましていいものでしょうか。

「和をもって貴しとなすは、平時には長所かもしれないが、危機においてはむしろデメリットのほうが大きい」

とメアはいいます。

「決断で責任をとれる人でなければ、今の日本を正しい方向に導くことはできない」

「逆にいえば、決断力のあるリーダーが現れれば、状況は一気に好転すると思う」

とまで外国人のメアにいわせてしまいました。

根源は「流れる」

われわれの社会では、自分の考えを明快に、あるいは断定的に話すのは、あまり歓迎されません。

「そのような選択には、わたしははっきり反対です」

などといってはいけないらしいのです。

「そのような選択肢を採るのがいいのでしょうか？　迷いますねえ」

というように、できるだけ婉曲に、あいまいに濁して表現するのがその場をこわさない適切な意思表示です。

あいまいにする。直截ではなく、間接的な技法を使って表現する。これが日本人社会の普遍的なコミュニケーションのあり方。こうしたあいまい傾向の強い土壌には、明快な決断力は育ちにくいと考えられます。

あいまいの問題といえば、「阿吽（あうん）の呼吸」というのがあります。また「忖度（そんたく）の文化」というのもあります。みんながあいまいでグレーな生き方のなかにいて、決断することを避ける傾向の社会では、想像力を働かせて忖度することが必要になってきます。外国人には難しい日本人特有の環境です。

こうした不決断のキャラクターは、草食系の「自然に身を任せる」「あなた任せの流れに乗る」といった文化が胎土になっていると考えられます。

第16章　希薄で淡い危機意識

丸裸で平気

科学技術情報保護法がない、スパイ防止法がない、また外国人による国土買収に対する規制も薄弱、そのため、静かに日本の国土買収が潜行している――。

つい最近まで、こんなまったく丸裸同然の状態にあった日本は、結果としてそうした犯罪を多く誘発することになりました。国の政策にもつよい影響力をもつ根っから性善説信奉者は、この種の犯罪の生みの親になっていることに気づいていません。

「科学の発展のために知的財産は、みんなで使えばいい」

わが国のある研究者が、新しく独自開発したソフトウェアを無償で海外に開放すると宣言しました。すると、

「そんな研究世界の秩序を根本から乱すようなことをすれば、資本主義社会は成り立たない」

と、欧米から猛反発。ひとりよがりの超性善の考え方を、世界は決して受け入れないのです。

反対に、日本の社員が米国の経済スパイ法違反で起訴されるという事件がありました。自分たちが性善説のなかで生きているため国際的な知的財産の知識に疎く、特許侵害を引き起こしてしまった。

わが国の研究者は特許申請に先立って論文を発表し、手の内を公開することも珍しくないのですが、その論文を読んだ海外の研究者が先に特許を申請し、向こうから特許料を請求してくるということも起こります。米国では、図面などデータだけでなく、企画、アイデアの段階を知的財産権の対象として申請するのです。

また、こんどのコロナ・ウイルス襲来に際しても、日本の感染阻止対策は強力だったとはいえません。長年、低い食料自給率がつづいて一向に改善されない状態をみても、政府、国民の

危機意識がいかに希薄かを証明しています。その食料自給率をみると、仏加米はみな１００％超。独も90％台後半。あのノンキ坊主のイタリアでさえ70％台。日本はわずか40％前後で推移しています。

外国には例のない「オレオレ詐欺」

「オレだよ、オレ！」と息子や孫を装って、「大事なものをなくした、ひどいヤツにだまされた、このままではオレ、会社をクビになる！　至急、３００万円用意して！」などと訴えて大金を詐取する、あの「オレオレ詐欺」。こんな幼稚な手口の犯行が、わが国ではいともたやすく成功します。この種の犯罪が繰り返され、被害総数は年間数千件、被害額も数百億円に達する年もあるといわれています。防犯担当の当局の懸命な防止キャンペーンにもかかわらず、被害者はいまだにあとを絶ちません。

詐取の手口は、当初の現金の銀行振り込みから、代理人を使った直接受け取りなどへ変化しているものの、もう20年近くもこうした犯罪が繰り返されている。詐取する側からすれば、元手は電話代だけ。該当する子や孫がいそうな家庭をみつけ、言葉巧みに苦しそうな演技をすればいい。これで1件数百万円を手にすることができる。味をしめたら、ちょっとやめられないでしょう。

しかし、被害者のほうを考えると、なぜまた電話1本で、やすやすと何百万、ときには何千万の大金を差し出してしまうのか。第三者には理解できません。だが、かわいい息子が、いたいけな孫が、想定外の危機に立っている。それを思うと、とたんに頭が真っ白。もう理性的な判断はいっさい停止してしまう。

思えば、この種の犯罪は日本特有のものです。外国でこれに類する犯行があったとしても、成功率はゼロに近いでしょう。わが国のように、かくも稚拙な犯罪が猖獗（しょうけつ）をきわめ、毎年巨額な被害が生ずる国は他に例がありません。基底に、日本人の世にも珍しい危機意識の希薄さ、些細なことでたちまちパニックに陥る特性があるのです。

草食獣の大きな群れが、肉食獣1匹に追われて逃げ惑うさまを連想してしまいます。

無防備都市宣言

危機というものの実質が分かっていないから、「無防備都市宣言」などが平然とできるのです。不戦を謳った憲法があるためか、わが国の地方自治体のなかに「無防備都市宣言」を採択したところがあります。東京都に4区と2市、大阪府に3市、北海道に2市、沖縄県に1市1町、その他千葉、神奈川、京都、奈良、滋賀、兵庫、愛媛、鹿児島の8府県にそれぞれ1市、合計21区市町が２００５年（平成17年）前後に同宣言をおこなっています。

宣言しておけば日本に外敵が侵入してきたとき、攻撃や占領を免れるというのでしょうか。その際、敵に無血占領を許し無条件降伏することを条件にしているのでしょうが、国が外敵と戦っているさなか、現実問題としてその宣言都市だけが無条件降伏することができるのでしょうか。なんでもジュネーブ条約には同宣言地域に対する攻撃を禁じるという条項があるとのこと。しかし、空爆を受けるとき、その街だけ爆弾を避けてくれるのでしょうか。無条件降伏、無血占領を許して自分たちの地域だけが戦火から免れたとして、生き残ることが可能でしょうか。危機を考える、という以前の「逃げ」のスタンス。これも日本侵略を意図するものにとっては、まことに魅惑的な話ではあります。

故大野晋・学習院大名誉教授が「『被爆』と『被曝』のちがいを知らない日本人が多い。『世界唯一の被爆国』というからには、これくらい知っていなくちゃ」といいましたが、危機の本質に対する日本人の無知なセンスは、度を越しているといわざるをえません。

反日教育にも無関心

すぐそばの中国は、もう30年ほど中国全土で反日教育を展開してきました。その結果、なにかにつけて反日暴動を起こし、中国進出の日系企業が暴徒に襲われたり、邦人個人が拘束されたりといった被害がなんども発生しています。

しかし、つい数年前までの世論調査では、「中国に親しみを感じる」といった日本国民が、いつも半数以上を占めていました。日米関係と同じように、日中関係は重視されるべきと考える人たちが圧倒的だったのです。尖閣諸島周辺で中国公船が領海侵犯を繰り返しているというのに……。

「日中友好」のスローガンはいいとして、それなら全中国に80カ所にものぼる反日教育施設をそのままにして、日中友好が可能なのでしょうか。人類、みな性善なる生き物、と芯から信じて疑わないのが日本人のようです。最近になって尖閣諸島問題が先鋭化する一方で、コロナ・ウイルス感染問題が発生し、さらにロシアが暴走してウクライナ侵攻に走ったことで、日本人も多少の危機感をもつようになってきました。国防問題がこの国の重要な課題として浮上してきましたが、それでも全体的にみれば、まだまだ国民の危機意識は希薄なレベルにとどまっています。

したがって、少なくとも数年前までは不戦憲法が日本に対する侵略を誘発することにまるで気づかずにいました。自分たち日本人から戦いを起こさない限り、この国に戦争など起こらないのだ、といった頑迷な思い込みが支配していました。

争いは人間の普遍的な性（さが）であり、国際関係の複雑さ、深刻さを理解している通常の外国人からみれば、不戦憲法などまさに荒唐無稽な話です。非常事態をまったく想定していない憲法。その憲法を70年以上も守りつづけたばかりか、「この平和憲法があったお陰で、戦後ずっと戦争もなく過ごすことができた」という真逆の錯誤に陥っている人々がいまなお大勢（たいせい）を占めています。

第17章 「沈黙は、やはり金」か——低発信

明鏡止水の美学

草には草の、木には木の自己主張があるはずです。しかし、動物世界のように、吠えたり唸ったり喚いたりはしません。静かに揺れたり、そよいだり、花をつけたり葉を落としたりといった発信にとどまります。日本人の場合も、植物系文化の民族だから、それに近い習性をもっています。

悲しいときでも、涙をこらえて泣くのを抑えるよう努めます。耐えられなくなったときには、肩を震わせて忍び泣きする。人目をはばからず号泣するなどという姿は、あまりみられません。うれしいときも、ふだん通りの顔をしている。喜怒哀楽を呑み込んで、ふだんと変わらぬ表情。これがサムライたちの心得であり、大相撲の土俵上の力士の表情であり、勝っても負けても淡々としたものです。多くの日本人の深層心理にひそむのが、この明鏡止水の美学です。だから、2014年に亡くなった映画俳優、高倉健さんは寡黙、余韻、陰影、孤高の人として国民的人気を博し、いまも彼を慕う人々は少なくありません。

「健さんのようになりたいと、映画をみた者に思わせる俳優だった」

高倉さん死去の直後、某紙は追悼記事のなかでそう書きました。つまり発信力の大きい多弁で饒舌な人物より、静謐、陰影、沈思、深奥に心魅かれる日本人が圧倒的に多いということです。

国によっては、喜怒哀楽を最大限表出するのを美徳とします。親の死に目に会えば、離れた隣家にまで泣き叫ぶ声が聞こえるようでなければ、「あそこの家は親不孝者の集まりだ」などといわれる。突然の事故に巻き込まれれば、あたりかまわず最大限悲しみをあらわにして、全身の力を振り絞って号泣する。葬儀には、わざわざ〝泣き女〟を雇う。まったく日本とは逆です。それだけわが国は、もともと発信力をできるだけ抑える国民性の国でした。

報道機関すら発信力薄弱

「海外のメディアは、日本のことを本当に知って報道するのではなく、中韓の新聞を読みながら日本をみている。失礼ながら、日本のメディアの発信力はまったくない」

これは30数年来、イタリアで暮らしてきた作家の塩野七生さんのコメントです。彼女はイタリアで日本の新聞を読んだことがないといっている。海外で日本発の情報は、ほとんどゼロに近い。そこにできた空間を中国や韓国が東アジアの情報で埋めている。それもきわめて偏向した情報が中心になっているのです。

ＮＨＫの国際放送は、１４０カ国と地域の2億７０００万を越える世帯を対象にしていると自称しています。が、実態は海外邦人を中心に情報を英語で流しているに過ぎない、といわれている。その内容も、政治、社会問題は従で、料理番組、子供番組などが中心。政治関連の情報を流せば、地元の政府や民衆の意に添わないことがあるかもしれない。それを恐れて無難な番組に逃げ込んでいる。日本の歴史や文化について、日本人の本音の主張についての海外広報に、本気で取り組む姿勢というものが感じられないのが実情です。

中国では、じつに世界約１２０カ所に拠点を設け、24時間英語によるテレビ放送で自国の広報を展開しています。国家の政策として対外広報に懸命に取り組んでいる。それに対して、わが国の文化庁全体の予算は中国の80分の１程度。そのなかから微々たる額を海外広報に割いているに過ぎません。これでは、国際情報戦でとても中国に太刀打ちできない。日本は情報とか広報というものを、根本から重視する気がないといって誤りではないでしょう。

外務省もひどい

外務省は、もともと世界に向かって日本という国家の政治、経済、文化について発信することを主要な任務の一つとしているはずです。しかし、国民の目からみて、わが外務省が海外広報で、これはという成果をあげたのを聞いたことがない。むしろ、真珠湾攻撃前の宣戦布告書の出し遅れのような致命的な失敗だけが国民の脳裡に刻まれている。

ペルーの日本大使館人質事件では大ミス。また尖閣諸島問題、竹島問題や慰安婦問題など、どれをとっても外務省が表に立って日本側の立場をつよく主張するということがない。外交も国際戦。わが外務省は連戦連敗、死屍累々といわれるような実績しかもっていないと心ある国民は受け取っています。

にもかかわらず、どうしたことか、外務省が批判の的になることはほとんどありません。わが外務省は、赴任先の国でＶＩＰを招待して開く宴会屋とかパーティー屋に過ぎないのでないかと考える国民もいる始末です。

「沈黙は金」では、そのレーゾンデートル（存在理由）が疑われても仕方がない。政府も外務大臣とは別に、「拉致担当相」とか「北方領土担当相」などの閣僚を任命して、本来は外務省の所管業務を他の大臣に預けています。政府自体、外務省の発信力はきわめて弱いと理解しているのではないか、と思うほどです。

家庭でも阿吽の呼吸

日本教育心理学会による「親子の対話があるか」という調査。日本、中国、韓国、米国など6カ国を対象にしたもので、調査実施は、かなり古くて１９９８年ですが、その内容は現在も基本的には変わっていないとみていいでしょう。

「対話がある」と回答した日本の家庭は6カ国中、ダントツの最下位。1位は、キプロスの

89・1％。2位はトルコの87・5％。次いで米国が3位で80・0％。4位が中国の71・5％。5位の韓国はぐんと落ちて47・2％。最下位、日本はさらに低く、なんとなんとわずか13・6％。日本では親も子も話すことがまるでないかのようです。それとも例の「阿吽の呼吸」というヤツで、話さなくてもよ～く分かっているということでしょうか。

子が親に自分の思いを伝える習慣がない。ひとりっ子で育つから、兄弟同士で話し合う機会もない。学校で仲良し数人が集まり、そこでの会話が唯一の発信の場になっているだけ。両親も多忙で、積極的に子供と話し合うことがない。夫婦の間でも、夫が妻に対して、いまでも「めし！」「ふろ！」「ねる！」くらいですます人もいる。夫婦も、また親子も、基底に甘え合う構図があるから、このような貧困なコミュニケーション状態になってしまうのでしょう。

結果として、それぞれ自分の立場、感想などを説明する能力を失っていく。光が届かない深海に棲む魚類には視力がありません。側線とか、ヒレの一部とか、そのような部分で自分の位置を感知し、天敵の接近を知るといいます。それと同じ理屈で、発信意欲の乏しい日本人は、ことばによる会話能力が低くなっている。ディベート技術も拙劣で、黙り込んでしまうケースが多いのです。

語らずして伝える日本人

俳句は「余白の文学」といわれます。ごくわずかに詠んで、そこに大らかな自然の存在を感じさせる。詠まない部分に、主役の「自然」がひそんでいる。

米国の資産家ジョー・プライス氏は、江戸絵画コレクション60年の実績をもつ人ですが、伊藤若沖(じゃくちゅう)のブドウの絵にほれ込んだ人です。

「若沖はブドウを精密に描きながら、ブドウの蔓(つる)が這う棚は描いていない。実写的とはいえない絵だが、自然の本質をとらえて、命の存在を伝えてくれる作品だ。日本画の魅力は、限りなくシンプルで、描いたものより描かないものによって、ずっと多くのものを感じさせてくれる点にある」

そう、日本人は語らずして、しっかり語っている、伝えようとしているのです。これがまさに日本文化の神髄、日本人の真骨頂。しかし、この特性を理解してくれるには、世界はあまりにも日本から遠い。

クチベタだが、すばらしい2輪車、4輪車を世界に提供している。みごとな石油化学プラントをきっちり納期をまもって建設している。世界中から愛されるマンガやアニメ、さらにはアート作品群を送り出している。こういう仕事ができるのは、その基本にそれを成就する哲学があり、文化があるから。

目にみえる製品、技術、作品の周辺に大きな余白があって、そこをあえて語らないのが日本人。語り出したら、日本人が日本人でなくなるのかもしれません。

あとがき

わたしが「日本」を意識しはじめたのは4、5歳のころでした。朝鮮の咸鏡北道で生まれたので祖国を知りません。両親が、望郷の念からでしょう、郷里、岡山を懐かしむ話をするのを聞きながら、日本というのはなんて素敵なところだろうと想像していました。日本地図を持ち出して毎日のように眺め、とりわけ瀬戸内海に魅かれて、「周防」とか「安芸」、「鞆の浦」「牛窓」といった地名を漢字で覚えたものです。

小学校にあがると、いつも漢字コンクールでは首位を占めたのはそのお陰でしょう。あげく仮名のない、漢字ばかりのラブレターを書いて出したら、教頭先生に呼び出され、しこたま殴られてしまいました。

帰国して、山陽本線を東に走ります。右側の車窓に海が見える。金波銀波の海です。朝鮮では目にすることない絶景でした。岡山から乗り換えた津山線では、山峡の裾を列車の屋根が木の枝を擦って走る。これには、もう身のおきどころがないほど感動しました。

ある日、民家の縁側でおばさんが2人、小皿に盛った野沢菜かなんかの漬物を挟んで、どう漬けるのがいいか話し合っていました。これが、いつまでたっても終わらない。日が暮れかけてもやっている。日本人って、すごいなあ。あれほど微に入り細にわたって漬物談義に凝るのか。

やがて、上京することになりました。東海道線のホームから、当時、国電といった山手線に乗ったら、客席に並んで座っていた10人ばかりが、一瞬、同じ顔をしているのです。「えっ、これ、なに！」。よくよく見ると、みなそれぞれの顔している。違った顔をしてる。あたりまえのことですが、それにしても、瞬間、10人が、なぜ同じ顔に見えたのか。それにこだわりました。すぐ答えはでましたが、それからずうっと電車の中はわたしのウオッチング修行の場となりました。

なぜ、乗客同士は話をしないのだろう。なぜ、居眠りして平気なんだろう。サラリーマンの靴はみな、なぜあんなに光っているのだろう。なぜ「内外タイムス」ばかりに人気があるのだろう。渋谷駅のホームだけ、なぜみな整然と並ぶのだろう。面白くて1日中、山手線をぐるぐる回っていたこともあります。

ウオッチングは、電車から街角にも発展します。ある日、千駄ヶ谷駅近くの路上で小学3年ほどの少年3人、アメリカ車がやってくると大声で「かっこいい！」「かっこいい！」と怒鳴っている。2時間後、用をすませて帰ってきても、まだ同じ子たちが「かっこいい！」を叫んでいる。そのころ、「かっこいい」は、あまり人口に膾炙（かいしゃ）するほどのことばではなかった。それより「みっともない」が頻用されていました。子供たちを躾けるにも、親は「そんなみっともないことを！」というのが常套句になっていたのです。あの少年たちは、「みっともない」という時代から「かっこいい」という新しい価値観の時代へ転換しつつあることを本能的に感知していたのではないか。それから数年後、１９６４東京五輪が終わって、「かっこいい」はテレビをテコに怒涛となって巷間を襲ったのです。

電車内をみて、また街を観察して、都市社会学に関心を寄せ、フリーランスのライターだったわたしは、ライフワークのテーマをどこに据えるか、長い間迷って放浪していました。自治体問題か、教育関係か、近現代史か、それとも思い切り絞って樹木医、盲導犬といったジャンルを選択するか……。

40年ほど前、鯖田豊之さんの『肉食の思想』（中公新書）に出会い、ここでやっと「日本人」考究が本格始動することになりました。「食」と「日本人」になると、まるで抵抗なく疲れ知らずに取り組める。なぜだろう。ここでも根源を知りたくて謎を追求しました。

やはり、「人は、5歳にしてその人である」といった、フレーベルのあの箴言にゆきつくのです。両親の膝下、日本地図を広げて、まだみぬ祖国に思いを馳せていた、その自分に返るのです。胃の腑にストンと落ちる日本人論。身の丈ぴったりの日本人論。わたしは「唯食論」にしても「草食文化」にしても、ここ30年、懐疑的になったことはほとんどなく、まったく揺れはありません。

【参考・引用文献】

第1部

『オリンピック秘史』 ジュールズ・ボイコフ　早川書房
『古代オリンピック』 桜井万里子　橋場弦　岩波書店
『オリンピック・デザイン・マーケティング』 加島卓　河出書房新社
『オリンピックと万博』 暮沢剛巳　筑摩書房
『東京オリンピックの誕生』 浜田幸絵　吉川弘文館
『なぜ東京五輪招致は成功したのか？』 松瀬学　扶桑社
『東京五輪招致の研究』 石元悠生　成文堂
『現代オリンピックの発展と危機　１９４０－２０２０』 石坂友司　人文書院
『オリンピック 栄光とその影に』 三上孝道　昭和館
『歴代オリンピックでたどる世界の歴史』 同編集委員会　山川出版社
『日本のフロンティアは日本の中にある』 河合隼雄　講談社
『民族という虚構』 小坂井敏晶　東京大学出版会

第2部／第3部

『人類進化の700万年』　三井誠　講談社現代新書
『火の賜物』　リチャード・ランガム　NTT出版
『文明の衝突』　サミュエル・ハンチントン　集英社
『食の歴史人類学』　山内昶　人文書院
『食具』　山内昶　法政大学出版曲
『肉食の思想』　鯖田豊之　中公新書
『美味礼讃』　ブリア・サヴァラン　白水社
『日本人の自然観―縄文から現代科学まで』　伊東俊太郎　河出書房新社
『食の思想 安藤昌益』　小林博行　以文社
『食の歴史』　ジャック・アタリ　プレジデント社
『日本の先史文化』　松浦宥一郎　雄山閣
『賢者の食欲』　里見真三　文芸春秋
『食味歳時記』　獅子文六　中公文庫
『食の文化史』　大塚滋　中公新書
『食の人類史』　佐藤洋一郎　中公新書
『食の文化①②』　石毛直道　味の素食の文化センター

『食べる人類誌』　フェリペ・フェルナンデス・アルメスト　早川書房
『日本食物史 上・下』　足立勇ほか　雄山閣
『日本食生活史』　渡辺実 吉川弘文館
『韓国食生活史』　姜仁姫　藤原書店
『朝鮮半島の食料システム』　三浦洋子　明石書店
『新視点 日本の歴史　原始編』　新人物往来社
『日本食物史』　江原絢子ほか　吉川弘文館
『近代日本食文化年表』　小菅桂子　雄山閣
『日本の食文化史年表』　江原絢子ほか　吉川弘文館
『ヨーロッパの食文化』　山辺規子ほか　平凡社
『食文化の国際比較』　飽戸弘ほか　日本経済新聞社
『「湿気」の日本文化』　神崎宣武　日本経済新聞社
『食の考古学』　佐原真　東京大学出版会
『木の実』　松山利夫　法政大学出版局
『縄文の思考』　小林達雄　ちくま新書
『縄文 vs 弥生』　設楽博己　ちくま新書
『縄文文化と日本人』　佐々木高明　講談社学術文庫

『縄文文明の発見』　梅原猛　ＰＨＰ研究所
『縄紋時代の社会考古学』　安斎正人　同成社
『縄文ルネサンス』　古谷嘉章　平凡社
『生業の考古学』　藤本強　同成社
『生業からみる日本史』　国立歴史民俗博物館
『列島の古代史②　暮らしと生業』　岩波書店
『縄文文化の扉を開く』　国立歴史民俗博物館
『タネをまく縄文人』　小畑弘己　吉川弘文館
『豆くう人々』　長谷川清美　農山漁村文化協会
『大豆と人間の歴史』　クリスティン・デュボワ　築地書館
『クリと日本文明』　元木靖　海青社
『ドングリと文明』　ウイリアム・Ｂ・ローガン　日経ＢＰ社
『土器のはじまり』　小林謙一　同成社
『植物の私生活』　デービッド・アッテンボロー　山と溪谷社
『縄文時代の植物採集活動』　山本直人　溪水社
『植物考古学と日本の農耕の起源』　中山誠二　同成社
『人口から読む日本の歴史』　鬼頭宏　講談社学術文庫

『卑弥呼の食卓』　金関恕ほか　吉川弘文館
『魏志倭人伝』　石原道博　岩波文庫
『世界史のなかの縄文文化』　安田喜憲　雄山閣
『ハンター&ハンティッド』　ハンス・クルーク　どうぶつ社
『改訂日本古代家畜史』　鋳方貞亮　有明書房
『牛と日本史』　津田恒之　東北大学出版会
『乳利用の民族誌』　石毛直道ほか　中央法規出版
『牛乳と日本人』　吉田豊　新宿書房
『牛の文化史』　フロリアン・ヴェルナー　東洋書林
『肉食タブーの世界史』　F・J・シムーンズ　法政大学出版局
『脱牛肉文明への挑戦』　ジェレミー・リフキン　ダイヤモンド社
『肉食行為の研究』　野林厚志　平凡社
『肉食の社会史』　中澤克昭　山川出版社
『世界屠畜紀行』　内澤旬子　解放出版社
『箸』　向井由紀子ほか　法政大学出版会
『お箸の秘密』　三田村有純　里文出版
『中華料理の文化史』　張競　ちくま新書

『中華料理四千年』　譚璐美　文春新書
『悪食コレクション』　村上紀史郎　芳賀書店
『中国人民驚話国』　鷹木ガナンシア敦　新宿書房
『文明としての江戸システム』　鬼頭宏　講談社
『江戸の食生活』　原田信男　岩波書店
『江戸の産業ルネッサンス』　小島慶三　中公新書
『江戸のオランダ人』　片桐一男　中公新書
『歴史人口学で見た日本』　速水融　文芸春秋
『人口の世界史』　マッシモ・リヴィーバッチ　東洋経済新報社
『フロイスの日本覚書』　松田毅一　E・ヨリッセン　中公新書
『ザビエルの見た日本』　ピーター・ミルワード　講談社学術文庫
『南からの日本文化』　佐々木高明　NHKブックス
『南蛮から来た食文化』　江後迪子　弦書房
『じゃがいもが世界を救った』　ラリー・ザッカーマン　青土社
『ペリー提督　日本遠征記』　猪口孝　NTT出版
『ペリー提督　海洋人の肖像』　小島敦夫　講談社現代新書
『伝記　ペリー提督の日本開国』　サミュエル・エリオット・モリソン　双葉社

『世界国勢図会』　矢野恒太記念会編　矢野恒太記念会

第4部

『プリンシプルのない日本』　白洲次郎　ワイアンドエフ
『世界民族事典』　綾部恒雄　弘文堂
『世界の民 上・下』　信濃毎日新聞社　明石書店
『民族の世界地図』　21世紀研究会 文芸春秋
『アジアの旅』　ディエス・デル・コラール　未来社
『「縮み」志向の日本人』　李御寧　学生社
『菊と刀』　ルース・ベネディクト　社会思想社
『文明の衝突』　サミュエル・ハンチントン　集英社
『国民性七か国比較』　統計数理研究所・国民性国際調査委員会　出光書店
『異文化はおもしろい』　選書メチエ編集部編　講談社
『美しい国へ』　安倍晋三　文芸春秋
『新しい国へ』　安倍晋三　文芸春秋
『日本人の美意識』　ドナルド・キーン　中央公論社
『職人学』　小関智弘　講談社

『逝きし世の面影』　渡辺京二　葦書房
『ゴードン・スミスのニッポン仰天日記』　荒俣宏　小学館
『清潔文化の誕生』　スーエレン・ホイ　紀伊国屋書店
『〈清潔〉の近代』　小野芳朗　講談社
『サッチャー回顧録』　マーガレット・サッチャー　日本経済新聞社
『日本の職人ことば事典』　清野文男　工業調査会
『天才と異才の日本科学史』　後藤秀機　ミネルヴァ書房
『ノーベル賞117年の記録』　ノーベル賞の記録編集委員会　山川出版社
『ライシャワーの日本史』　エドウィン・O・ライシャワー　文芸春秋
『文明の技術史観』　森谷正規　中公新書
『国民の文明史』　中西輝政　産経新聞社
『全国名字辞典』　森岡浩　東京堂出版
『英米人の姓名』　木村正史　鷹書房弓プレス
『「空気」の研究』　山本七平　文芸春秋
『絵馬に見る民衆の祈りとかたち』　西岡賢二　批評社
『拒否できない日本』　関岡英之　文芸春秋
『サル学の現在』　立花隆　平凡社

『枕草子』　池田亀鑑　岩波文庫
『パリ歴史事典』　アルフレッド・フィエロ　白水社
『聖徳太子の信仰と思想「以和為貴」』　瀧藤尊教　善本社

著者プロフィール

國米 家已三（こくまい かきぞう）

朝鮮・咸鏡北道（現・北朝鮮）に生まれる。

少年時代を京城（現・ソウル）で過ごし、昭和18年郷里、岡山県に帰る。

早稲田大学政治経済学部政治学科卒。

病気療養後、都内の出版社勤務を経てフリーランスのライターとなり、リクルート、文化放送ブレーン、博報堂、産経新聞、日本工業新聞などを中心に、企業人の評伝をはじめ書評、民俗史、食文化、教育などの連載記事を執筆。

その後、産経新聞社会部記者となり、定年退職。

現在、フリー・ジャーナリスト。談話サロン「草乃会」会員。

専攻は「日本人論」。「民族と社会」「草食文化と日本人」がメインテーマ。

著書は『大きく翔べ』『鳩人』『誠実一路』『日本は「世界のアトリエ」』など。

ほかに企業史、多数。講演回数、100回余。

日本人は「日本人」を知らない
～東京五輪のビジョンづくりはなぜ失敗したのか～

2023年6月15日　初版第1刷発行

著　者　國米 家已三
発行者　瓜谷 綱延
発行所　株式会社文芸社
〒160-0022　東京都新宿区新宿1－10－1
電話　03-5369-3060（代表）
03-5369-2299（販売）

印刷所　株式会社エーヴィスシステムズ

ISBN978-4-286-24211-8